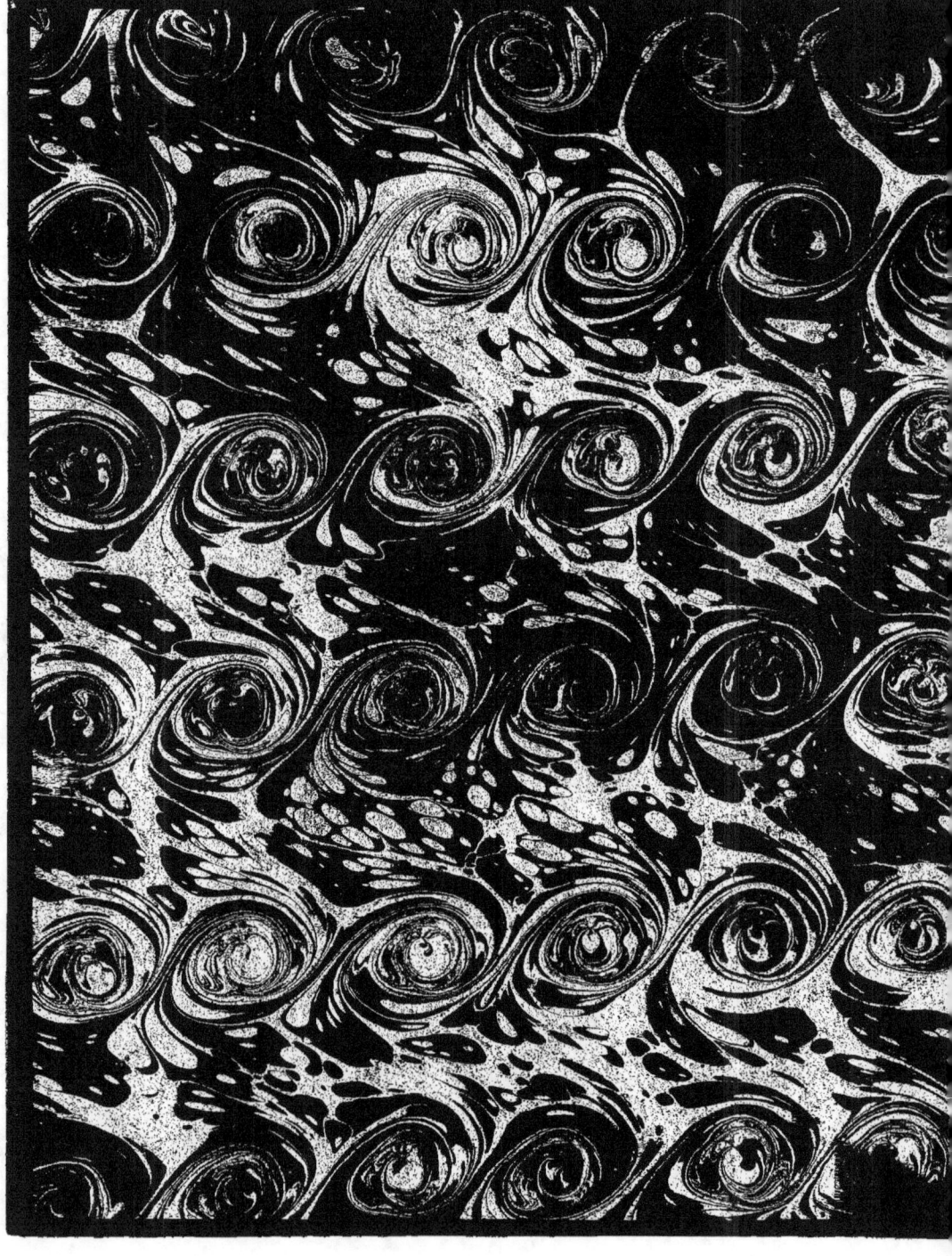

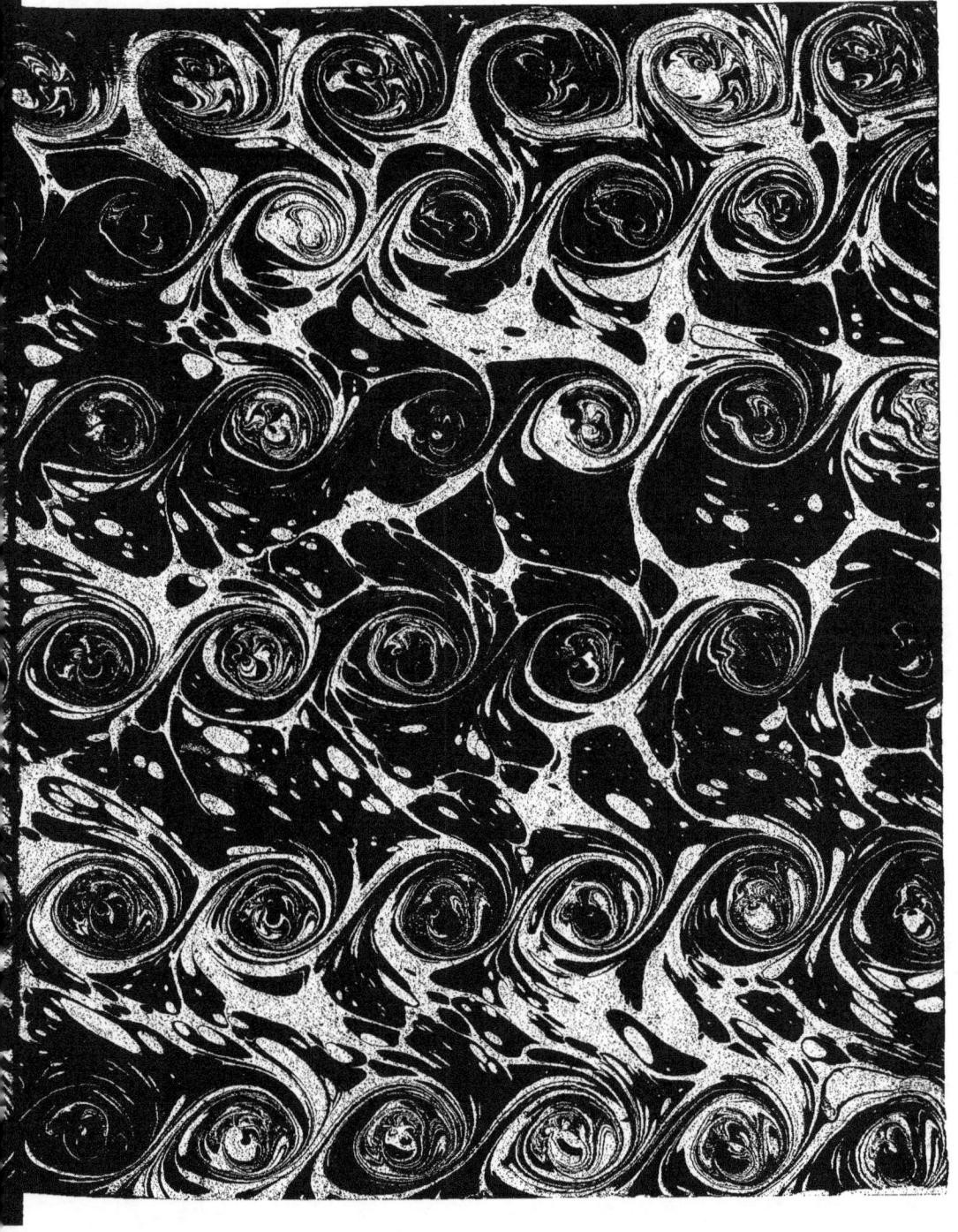

73188

CATALOGUE

DES
EFFETS PRÉCIEUX
DE FEU
MONSIEUR DE SAROLEA,

Seigneur du Ban de Cheratte, Barxhon, S. Remi, Fexhe & Streel, Chanoine-Tréfoncier de la très-Illustre Église Cathédrale de Liege.

Dont la Vente se fera publiquement à Liege, & commencera le 6 Mars 1786.

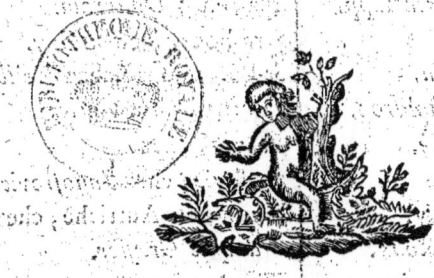

A LIEGE,

De l'Imprimerie de LEMARIÉ, Libraire de *SON ALTESSE*, dessous la Tour, proche l'Hôtel-de-Ville.

M. DCC. LXXXV.

On trouve ce Catalogue chez les Libraires ci-après.

Aix-la-Chapelle, chez *Houbben.*
Amsterdam, chez *Changuion.*
Anvers, chez *Grangé.*
Bâle en Suisse, chez *Haerster.*
Berlin, chez *Bordeau*, pere & fils.
Bruxelles, chez *Ven den Berghen.*
Cambrai, chez *Berthoud.*
Cassel, chez *Cramer.*
Cologne, chez *Simonis.*
Copenhague, chez *Chevalier.*
Dunkerque, chez la Veuve *Leroux.*
Francfort, chez *Varentrapp.*
Gand, chez *Begyn.*
Geneve, chez *Bardin.*
Hambourg, chez *Chaidron.*
La Haye, chez *Gosse.*
Lille, chez *Jaquez.*
Londres, chez *Elmsly.*
Mayence, chez *Le Roux.*
Manheim, chez *Fontaine.*
Maëstricht, chez *Dufour* & *Cavelier.*
Metz, chez *Collignon.*
Munich, chez *Cratz.*
Nancy, chez *Matthieu.*
Nantes, chez *Vatar.*
Nuremberg, chez *Ammermuller.*
Paris, chez *Durand*, neveu, rue Galande.
Prague, chez *Volgand-Gerle.*
Rheims, chez *Cazin.*
Rome, chez *Bouchard.*
Rouen, chez *Racine.*
Rotterdam, chez *Hacke.*
Spa, chez *Dauvrain.*
Strasbourg, chez *Gay.*
St-Pétersbourg, chez *Weilbrecht.*
Tournai, chez *Varlé.*
Treves, chez *la Veuve Dictricht*
Varsovie, chez *Janosrovicki.*
Vienne en Autriche, chez *Rodolphe Græffer.*
Wirtzbourg, chez *Tobias Godhart*

AVERTISSEMENT.

Pour ne pas trop groſſir ce Catalogue, nous nous ſommes bornés à déſigner ſimplement, & ſans aucun éloge, les pieces qui y ſont énoncées, d'ailleurs la plupart ſont fort au-deſſus de l'idée avantageuſe que nous aurions eſſayé d'en donner; pour les bien apprécier, il faut les voir : pluſieurs connoiſſeurs, tant étrangers que nationaux, qui les ont examinées avec beaucoup d'attention, ont jugé unanimement qu'elles formoient une collection auſſi rare que précieuſe, & conſervée avec le plus grand ſoin.

Nous avons cru qu'il ſeroit inutile d'avertir que les Diamans ſont d'une très-belle eau, que les autres pierres précieuſes, très-bien conditionnées, ſont ou taillées très-proprement, ou gravées fort artiſtement : que dans les Porcelaines on trouve les pieces les plus rares, ſoit pour la qualité, la forme, ou le deſſein. Nous aurions pu dire la même choſe, à proportion des Pieces de Sculpture & de Ciſelure.

Nous nous ſommes contentés d'une ſimple indication du ſujet des Tableaux, en y joignant le nom du peintre lorſqu'on l'a connu; perſuadés que cela ſuffiſoit pour les curieux. Ces Tableaux ſont tellement variés & ſi bien choiſis, que nous nous flattons qu'il y aura de quoi ſatisfaire tous les différens goûts; ils ſont tous ornés de bordures ſculptées & dorées.

Les perſonnes qui deſireront des notions particulieres ſur les objets qu'ils voudront ſe procurer, pourront s'adreſſer à Meſſieurs DE GHISELS, Chanoines-Tréfonciers de Liege, exécuteurs teſtamentaires de feu Monſieur DE CHERATTE.

Les effets compris dans le préſent Catalogue ſe vendront en argent de Liege, dont le louis fait 39 eſcalins, qui font 19 francs & dix ſols, aux jours marqués ci-deſſus; ſavoir :

Les Diamans en œuvre & joyaux, le 6 Mars 1786.
Les Bijouteries & curioſités, le 7 dito.
Les Tabatieres & Ouvrages d'agrément, le 8 dito.
Les Montres, Pendules & Pierres précieuſes, le 9 dito.
Les Médailles, les 10 & 11 dito.

AVERTISSEMENT.

Les Émaux, les Laques, les Pieces de Boucaro, les Pierres de Lard, &c. le 13 dito.

Les Porcelaines, les 14, 15, 16, 17 & 18 : quatre-vingt-dix numéros par jour.

Les Sculptures & Ciselures, le 20 dito.

Les Tableaux, les 21, 22, 23, 24, 27 & 28 dito: quatre-vingt-dix-huit numéros par jour.

Les Parties d'Histoire naturelle, de Physique, &c. & les Armes, les 29 & 30 dito.

Les Lustres, Miroirs, Bureaux & autres Meubles, se vendront le 21 Novembre 1785 & jours suivans.

NB. Les pieces mesurées, sont réglées sur le pouce de Liege, qui fait 13½ lignes de France, & dont voici la longueur ━━━━━. Les Tableaux, Miroirs & autres pieces encadrées, sont mesurées dans œuvre.

Le Défunt a laissé une Bibliotheque nombreuse & très-distinguée dans tous les genres, dont on annoncera le Catalogue dans les feuilles publiques.

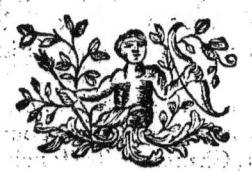

CATALOGUE

DES

EFFETS PRÉCIEUX

DE FEU

MONSIEUR DE CHERATTE.

DIAMANS EN ŒUVRE ET JOYAUX.

1. Une bague d'un brillant solitaire quarré émoussé, estimé du poids de 22 grains.
2. Bague d'un brillant solitaire, de forme ovale, pesant à-peu-près 20 grains.
3. Bague d'un brillant solitaire quarré émoussé, pesant environ 20 grains.
4. Bague d'un brillant solitaire quarré émoussé, pesant environ 21 grains.
5. Bague d'un brillant solitaire quarré, pesant 16 grains.
6. Bague d'un brillant solitaire jaune, de forme quarrée, pesant à-peu-près 20 grains.
7. Bague d'un brillant pesant environ 14 grains, entourée de petits diamans roses d'Hollande.
8. Bague de trois brillans; celui du milieu pese environ 7 grains, & les deux autres 3 grains chacun.
9. Bague d'un brillant quarré, pesant 3 grains, accompagné de deux rubis orientaux.
10. Bague de brillans en quadrille, pesant environ 20 grains.
11. Bague en forme de trefle, dont les trois brillans pesent environ 5 grains; ils sont accompagnés de trois petits brillans.
12. Bague d'un brillant jaune, pesant 8 grains, ayant à chaque côté un brillant blanc, du poids d'un grain.

DIAMANS EN ŒUVRE.

13. Bague de trois brillans, dont celui du milieu pese 6 grains, & les deux à côté chacun un grain.
14. Bague en alliance de deux diamans rofes en cœur; le poids de chaque eft de fix grains; ils font furmontés d'un petit diamant rofe.
15. Bague en brillans jaunes, à double entourage : celui du milieu pefe environ huit grains, & les autres pefent environ trois carats.
16. Bague d'une émeraude orientale quarrée, montée en lozange & entourée de brillans.
17. Bague d'un rubis oriental, accompagné de deux brillans.
18. Bague d'une turquoife orientale, entourée de brillans.
19. Bague en demi-jonc, en rubis & turquoifes.
20. Bague en forme de trefle, compofée d'un rubis, d'un faphir, & d'une topaze orientale, accompagnés de trois petits brillans.
21. Bague d'un faphir oriental, entouré de brillans.
22. Bague d'une grande topaze orientale.
23. Bague d'un trophée d'amour en petits brillans, fur un criftal bleu, entouré de brillans.
24. Bague d'un onix en deux couleurs, repréfentant Léda en relief, entourée de brillans.
25. Bague d'une grande opale orientale.
26. Bague en alliance de deux rubis orientaux, entourés de brillans.
27. Bague en demi-jonc de deux brillans & de deux rubis orientaux.
28. Bague de diamans jaunes en quadrille; ils pefent chaque environ 5 grains & font entourés de brillans jaunes.
29. Bague d'un onix antique en deux couleurs, repréfentant le bufte d'une négreffe en relief; l'entourage & les côtés de la bague en brillans.
30. Bague d'un onix antique en deux couleurs, repréfentant deux têtes en relief, entourées de brillans.
31. Bague de brillans en quadrille, pefant chacun environ dix grains, entourés de petits brillans.
32. Bague d'un grand grenat fyrien, entouré de dix-huit brillans, pefant environ 6 carats.
33. Bague d'un onix en deux couleurs, repréfentant une piété en relief: l'entourage & les côtés font garnis de petits brillans.
34. Une paire de boutons de manchettes, garnis de plufieurs brillans: les quatre principaux pefent 7 carats, & les petits, dont ils font entourés, pefent environ 3 carats.
35. Bague d'une pierre d'amétyfte quarrée, montée en lozange.
36. Bague dito de forme octogone oblongue.
37. Bague d'une pierre d'amétyfte ovale, gravée d'un griffon.
38. Bague d'un onix antique en deux couleurs, repréfentant la tête de l'Empereur Caligula en relief.
39. Bague d'une grande pierre à œil de chat, entourée de petits diamans rofes.

40. Bague d'un onix en deux couleurs, représentant une tête de femme habillée à l'espagnole en relief.
41. Bague d'un grenat syrien de forme octogone, sur lequel est gravé une tête d'Empereur.
42. Bague d'une grande cornaline, sur laquelle est gravé le buste du Pape Pie VI.
43. Bague avec le portrait de feue Sa Majesté l'Impératrice-Reine, entourée de petits brillans.
44. Bague d'une belle agathe arborisée orientale, entourée de brillans.
45. Bague d'une topaze du Brésil : les côtés sont garnis de deux diamans roses.
46. Bague d'une pierre œil de chat, représentant la face d'un lion, entourée de brillans.
47. Bague d'une grande aigue-marine de forme quarré-long émoussé.
48. Bague d'un onix en trois couleurs, sur lequel sont gravés deux chevaux avec la victoire sur le timon du char.
49. Bague d'un onix en deux couleurs, représentant la circonspection à mi-corps, en relief.
50. Bague d'un onix en deux couleurs, représentant le buste d'une femme coëffée à la grecque en relief.
51. Bague d'une cornaline, représentant la tête d'Héraclite en relief: les côtés de la bague sont garnis de brillans.
52. Bague d'un onix en deux couleurs, représentant la tête de Midas en relief.
53. Bague d'une pierre rare, représentant la tête d'un Émir en relief, entourée de brillans.
54. Bague d'un onix antique en deux couleurs, représentant la tête d'une dame Romaine : les côtés de la bague sont garnis de diamans roses.
55. Bague d'un onix en deux couleurs gravé, représentant la figure d'Irus. Antique.
56. Bague d'une cornaline gravée, représentant la tête d'une dame Romaine. Antique.
57. Bague d'une cornaline gravée, représentant le Christ sur la croix : les côtés de cette bague sont garnis de deux diamans roses.
58. Bague d'un onix en trois couleurs, représentant la tête d'un negre en relief, dont le collier est en brillans, de même que l'entourage.
59. Bague d'un onix antique en trois couleurs gravé, représentant un sacrificateur Romain : les côtés de cette bague sont garnis de deux brillans.
60. Bague d'une cornaline antique gravée, représentant Jupiter & Lycaon.
61. Bague d'une solidate, entourée de dix rubis orientaux.
62. Bague d'un œil de crapaud.
63. Un médaillon ovale, en or émaillé, surmonté d'une couronne & ses pendans en diamans roses, à laquelle est attaché un anneau pour

le fufpendre. Ce bijou ceintré de diamans rofes, s'ouvre à fecret, & fert à mettre deux portraits à l'extérieur, dont les cadres font en brillans, & deux à l'intérieur entourés de diamans rofes.

64. Un médaillon en émail, repréfentant d'un côté faint Jean Népomucene, entouré de 26 diamans tables, & de l'autre côté les trois Rois auffi en émail.

65. Un cachet monté en or d'une agathe blanche, gravée à trois têtes.

66. Un cachet monté en or d'une cornaline, fur laquelle eft gravée une tête d'Empereur couronné de lauriers. Antique.

67. Un cachet monté en or de jafpe-fanguin gravé, repréfentant une tête de voyageur. Antique.

68. Un cachet monté en or d'un faphir gravé, repréfentant un petit Amour. Antique.

69. Un cachet monté en or d'une pierre de deux couleurs gravée, repréfentant une tête de philofophe.

70. Un cachet monté en or de jafpe-fanguin gravé, repréfentant l'Empereur Vefpafien : le deffus du cachet eft un onix fculpté en bufte de negre, enrichi d'un collier de diamans & de rubis, & un diamant fur la tête. Antique.

71. Un cachet de cornaline gravée, repréfentant la Déeffe de la Fortune. Cette piece eft enrichie de diamans & rubis.

72. Un cachet monté en or, contenant un onix en trois couleurs gravé, repréfentant la tête de Zénobie, Reine de Palmyre : le deffus du cachet eft un bufte de négreffe d'un onix en trois couleurs. Ce morceau eft enrichi de quantité de brillans. Antique.

73. Un cachet monté en or, contenant un onix, fur lequel eft gravée la tête d'un ancien Czar. Ce cachet eft furmonté d'une tête de negre, dont le collier a un nœud de brillans : le turban & la beliere font auffi ornés de deux brillans. Onix antique.

74. Un onix en trois couleurs, repréfentant une tête de vieillard vénérable ; on voit à l'autre face un bufte en relief orlé, monté en cachet tournant.

75. Un médaillon émaillé en noir, fur lequel eft une gerbe en brillans jaunes, attachée par un nœud de brillans blancs.

76. Deux groffes perles orientales, formant le corps de S. Sébaftien percé de flèches : la tête, les bras & le tronc auquel il eft attaché font émaillés. Cette piece eft enrichie de trois diamans ; le tout pefe 1 once 7 fterlins.

77. Une perle barogue, plate en forme de poire, montée en or, pefant 8 fterlins.

78. Deux tables de braffellets, montés en or avec des bas-reliefs d'ivoire, repréfentans, l'une les trois Grâces, dont une affife & deux jouant du tambour de bafque ; l'autre, les trois Grâces éveillant l'Amour.

79. Un médaillon repréfentant le crucifiement de Notre-Seigneur, &

dans l'intérieur l'enféveliffement, peint en émail, monté en or, émaillé & entouré de rubis : le derriere eft en jafpe.
80. Un petit Saint George à cheval, foulant à fes pieds le dragon, émaillé fur or.

BIJOUTERIES ET CURIOSITÉS.

81. Une boëte quarrée en vieux laque noir, montée en or, contenant quatre flacons & un entonnoir d'or.
82. Une boëte en quarré long, de vieux laque rouge, montée en or, contenant un écritoire, une plume & un porte-crayon d'or.
83. Une boëte cifelée en or, de couleurs avec bouquets & feftons, dans le couvercle de laquelle eft placé un miroir. Cette boëte en contient deux petites à mettre du rouge, & une place où eft le manche du pinceau : elle s'ouvre auffi par le fond qui fert de boëte à mouches avec miroir.
84. Une loupe, s'ouvrant à fecret, montée en or avec les deux faces cifelées en fleurs, en or de couleurs.
85. Un fouvenir en or, avec deux médaillons propres à y placer des portraits. Cette piece eft cifelée en feftons, avec des lames d'acier : elle contient une tablette d'ivoire, & un porte-crayon d'or.
86. Un fouvenir d'agathe orientale, travaillée en fleurs en bas-relief, montée en or, contenant des tablettes d'ivoire, un porte-crayon, & un fecret pour y placer un portrait.
87. Un étui de laque rouge, monté en or, contenant un demi-pied de roi, un compas, & un porte-crayon d'or.
88. Une paire de boucles de fouliers, une paire de boucles de jarretieres, une boucle de col, & une paire de boutons de chemife d'or.
89. Un étui d'or plat, cifelé par parties en or de couleurs.
90. Un étui d'or ovale, cifelé avec fleurs en or de couleurs.
91. Un étui de porcelaine de Saxe, peint en fleurs avec cercles & gorge d'or.
92. Un néceffaire de jafpe-fanguin de forme ovale plate, travaillé à cotes, garni en bronze doré, & contenant un couteau, un cifeau, aiguille, porte-crayon, tirepoil, & tablettes d'ivoire, avec un petit brillant pour bouton.
93. Un petit étui de jafpe-fanguin, avec gorge & cercles en feftons d'or.
94. Un étui à poudre d'or, de prifme d'amétyfte, dont l'intérieur doublé d'or, forme une boëte à couvercle avec la cuiller auffi d'or. Cette piece eft garnie en or & a un petit brillant pour bouton.
95. Un flacon à eau de fenteur, d'or, avec des médaillons repréfentant des génies.
96. Un petit flacon de criftal de roche, garni en or.

BIJOUTERIES

97. Un petit couteau à manche d'or ciselé en torse.
98. Une paire de ciseaux montés en or, dans un étui de chagrin; & un cure-dent d'or.
99. Un étui de galucha verd, contenant un manche de couteau en nacre de perles, garni en or & or, avec une lame d'or & une lame d'acier qui se montent alternativement par un ressort.
100. Une petite croix d'or émaillée avec deux médaillons, représentans la Vierge & S. Lambert; & une petite croix de l'ordre de Malte.
101. Une écritoire de bois noir en forme de coquille, contenant un encrier, un sablier, un petit chandelier, avec mouchettes & éteignoir, une espece de coquille à mettre le pain à cacheter, & une sonnette. Ces pieces sont d'argent.
102. Quatre petits chandeliers en filigrane, dont les pieds sont garnis de trois pierres rouges. Un médaillon, représentant d'un côté S. Ignace, de l'autre S. François de Borgia, monté en filigrane.
103. Une paire de boucles de souliers d'argent, avec celles de jarretieres.
104. Une paire de boucles de souliers d'argent.
105. Une paire de boucles de jarretieres & deux boucles de col d'argent.
106. Une boëte d'argent à eau de senteur; une dito à mouches, dorée en dedans.
107. Une paire de boucles de jarretieres en pierres de cristal, montée en argent.
108. Un coffret d'écaille avec peintures, coins, manottes, garniture de la serrure, en argent, ciselé avec fleurages & fruits en relief. Ce coffret contient six boëtes de fer blanc, dont les couvercles sont d'argent.
109. Un coffret d'ambre de différentes couleurs, dont plusieurs pieces sont gravées. Il est orné extérieurement & intérieurement de dix-sept médaillons d'ivoire, gravés en figures, fruits, animaux & oiseaux; & de différens autres ouvrages aussi d'ivoire. Les pentures & serrures sont de bronze doré. Deux petites figures accroupies aussi d'ambre.
110. Une coquille de burgau travaillée, & formant une tasse à anses & bords de vermeil.
111. Une petite coquille travaillée en gondole, dont la poupe est ornée de deux dauphins en argent, sur lesquels est assis un negre d'or, tenant un aviron dans les mains. Cette coquille est montée sur un pied d'argent.
112. Une coquille de nacre de perles gravée, représentant Vénus enchaînant l'Amour, avec des guirlandes de fleurs.
113. Une assiette profonde, formée de différentes pieces de coquilles de burgau.
114. Une noix de cocos travaillée, formant le corps d'un hibou, la tête, les ailes, la queue & les pieds sont d'argent. La tête, dont

les yeux font des rubis, fe détache, & fert de bouchon à une boëte auffi d'argent qui eft placée dans l'intérieur de cette efpece de vafe.

115. Une coupe de criftal de roche, à la maniere d'un calix ancien, & formant une coquille gravée : elle eft montée fur un pied de même matiere, garni ainfi que les bords de la coupe d'argent doré ; elle eft au furplus ornée d'une guirlande émaillée, & eft haute de 6½ pouces, & a 5 pouces dans fa plus grande largeur.

116. Une coupe de criftal de roche en forme de lampe antique, travaillée à cotes de melon en relief, dont le pied eft travaillé avec un nœud ; ce morceau eft d'une feule piece garni en vermeil, & furmonté d'un bouquet de même, avec une petite guirlande d'émail.

117. Un jonc de la hauteur de 35 pouces, furmonté d'une pomme d'or unie.

118. Un jonc de la hauteur de 31½ pouces, avec un pommeau d'or cifelé en ornemens.

119. Une canne d'écaille de 30 pouces de hauteur, garnie en or.

TABATIERES ET OUVRAGES D'AGRÉMENT.

1. Une grande tabatiere ronde d'écaille à gorge & cercles d'or : le couvercle eft orné d'un médaillon peint en miniature, repréfentant un faune auprès d'une nymphe, avec double cercle percé en feftons.

2. Tabatiere d'or ovale, dont les bords & les pilaftres incruftés en lapis lazuli, recouverts d'ornemens en or, renferment des médaillons d'ivoire réhauffés en figures, animaux, oifeaux & fruits cifelés en or de couleurs. Cette tabatiere eft enrichie d'un bec de brillans.

3. Tabatiere d'or en navette guillochée, avec un médaillon & pilaftres en guirlandes, cifelés en or de couleurs.

4. Tabatiere de prifme d'amétyfte, montée en or, repréfentant un vieillard à demi-corps, dont l'habillement a neuf boutons en petites pierres d'amétyfte ; la figure eft en blanc & eft couverte d'un chapeau en violet, dont le bouton eft un petit brillant.

5. Tabatiere de chalcedoine, montée en or, repréfentant une figure dans le goût de la précédente.

6. Tabatiere quarrée de pierre de fardoine, revêtie en ornemens & feftons d'or cifelé, & enrichie d'un bec de brillans.

7. Une très-grande tabatiere quarrée de nacre de perles cannelée, montée en argent avec gorge de vermeil.

8. Tabatiere ovale d'agathe orientale, avec gorge & cercles d'or.
9. Tabatiere de bois étranger, couverte d'or gravé, avec un médaillon sous glace.
10. Tabatiere ovale de prisme d'améthyste & d'agathe, avec gorge & cerclé d'or.
11. Tabatiere quarrée de bois de sapin pétrifié, montée en cage avec bordure gravée, & gorge d'or.
12. Tabatiere quarrée de jaspe-sanguin, gravée en mosaïque en bas-relief, montée en cage en or cifelé.
13. Tabatiere quarrée de bois de chêne pétrifié, montée en or ; le cercle du couvercle gravé.
14. Tabatiere quarrée, montée en or de porcelaine de Saxe, dont le fond blanc grené est peint avec des bouquets de fleurs détachés; sur le dedans du couvercle est un bouquet de fleurs.
15. Une tabatiere quarrée de porcelaine de Saxe, fond blanc, peint en fleurs détachées ; dans l'intérieur du couvercle est une corbeille de fruits avec un perroquet à côté. Cette tabatiere est montée en or, & ornée d'un bec de grenats & de deux diamans.
16. Tabatiere ovale de vieux laque noir, montée en cage & doublée d'or.
17. Tabatiere quarrée d'émail, fond blanc, peint en miniatures avec figures ; dans l'intérieur du couvercle est le portrait de Sa Majesté le Roi de Prusse. Cette tabatiere est montée en vermeil.
18. Tabatiere ronde de porcelaine de Saxe, fond verd-pomme, avec des médaillons peints en paysage & marines avec figures : l'intérieur du couvercle représente une figure de la folie. Cette tabatiere montée en or est enrichie d'un bec de diamans & pierres d'améthyste.
19. Tabatiere octogone, montée en or, de porcelaine de Saxe, fond blanc en osiers, avec des cartouches peints en batailles; dans l'intérieur du couvercle est un paysage avec figures.
20. Tabatiere en forme de coquille de porcelaine de Saxe, fond blanc, ornée de cartouches en paysages avec figures, montés en or.
21. Tabatiere d'ambre en forme de coquille de limaçon, montée en or.
22. Tabatiere quarrée de porcelaine de Saxe, fond blanc, peint en oiseaux : l'intérieur du couvercle peint de même, montée en or.
23. Tabatiere quarrée de prisme d'améthyste, dont le fond de couleur violette représente un agneau couché : le couvercle est chargé d'un ornement en or cifelé.
24. Tabatiere d'or quarrée, avec des trophées & ornemens, cifelés en or de couleurs, & ornée sur chaque face d'un médaillon émaillé. Goût de Teniers.
25. Tabatiere ovale d'or cifelé en festons & cannelé avec des lames d'acier, ornée d'un médaillon sur le couvercle.
26. Tabatiere quarrée de porcelaine de Saxe, fond blanc, ayant des jeux

d'enfans peints fur chaque face, l'intérieur du couvercle eft peint dans le même goût, montée en or.

27. Tabatiere de l'ongle d'élan travaillé en relief; le couvercle repréfente en dedans un cerf dévoré par des chiens; le deffus, Jupiter voulant foudroyer Mercure; fur le devant, des enfans jouant avec une chevre; le derriere, la métamorphofe d'Actéon; le côté droit, un ours, embarraffé dans des broffailles; le gauche, un berger & une bergere; le deffous, deux enfans occupé à la pêche. Cette tabatiere eft doublée, montée & avec cercles d'or; elle eft aufli enrichie d'un bec d'un grand diamant ovale fur une feuille rouge, accompagné de plufieurs petits diamans blancs & de deux rubis orientaux.

28. Tabatiere quarrée de jafpe-fanguin, montée en cage avec gorge d'or; elle eft ornée d'un bec de brillans & rubis, formant une efpece de papillon fur une branche de fleurs.

29. Tabatiere quarrée d'agathe, fculptée fur les faces en ornemens d'architecture, & avec figures repréfentant Bérénice & Titus fur le couvercle. Le fond de cette tabatiere eft gris, & le relief de couleur rouge; elle eft montée en or en cage, avec une garniture émaillée en rouge & verd.

30. Tabatiere d'agathe-onix en forme de coquille, montée en cage avec gorge & cercles d'or, enrichie d'un bec de brillans, rubis & émeraudes.

31. Tabatiere montée en or d'une pierre orientale. Le corps de la tabatiere forme un léopard couché, dont les yeux & les dents font en brillans, avec la langue d'or mouvante.

32. Tabatiere montée en or de prifme d'amétyfte, formant la tête d'un dogue, dont les yeux font deux grénats, le mufeau du chien, & le couvercle de la tabatiere fculpté en relief, repréfentant un renard près d'un bois, font en violet.

33. Tabatiere en quarré émouffé de prifme d'amétyfte, ayant fur le couvercle un chien de couleur violette fculpté en ronde boffe, dont les yeux & le collier font en diamans. La partie inférieure de cette tabatiere eft aufli en violet; elle eft enrichie d'un bec de brillans, au milieu duquel fe trouve une tête de finge d'une pierre orientale, & montée en or, avec des ornemens fur le couvercle.

34. Une double tabatiere quarrée d'un morceau de criftal de roche, taillé à facettes en relief, montée en or avec un bec de rubis & brillans.

35. Tabatiere en quarré émouffé de porcelaine de Saxe, dont le fond picotté en bleu, eft orné fur le couvercle du portrait de l'Électeur Palatin, & fur le tour de la boëte, de quatre cartouches en figures, montée en vermeil.

36. Tabatiere quarrée de pierre d'écoffe, formant des rubans en différentes couleurs, montée en cage avec gorge & cercles d'or.

37. Tabatiere d'or, de forme octogone, recouverte de plaques d'ivoire avec bordures d'or, gravées & incrustées de pierres de malachite, contenant six médaillons émaillés en fruits & fleurs.
38. Tabatiere de pierre de chalcédoine de forme extraordinaire, & montée en or : le dessus & le dessous de la tabatiere sont gravés en osiers.
39. Tabatiere quarrée de burgau, ornée sur chaque face d'arbrisseaux & animaux en or ciselé, montée en cage & doublée d'or.
40. Tabatiere ovale à double fond, de cristal de roche, découpé à facettes en relief, montée en or.
41. Tabatiere en forme d'oignon, de cristal de roche, gravé avec paniers & guirlandes de fleurs & de fruits.
42. Tabatiere plate de nacre de perles, dont le dessus gravé, représente Narcisse se mirant. Le corps de la tabatiere est en or.
43. Tabatiere quarrée de porcelaine de Saxe, montée & doublée en or ; le fond blanc est travaillé en bas-reliefs, & forment des cartouches peints en marines & paysages avec figures : le couvercle de cette tabatiere est à double fond, dans lequel est placé le portrait de l'Électeur de Cologne, Clément-Auguste, peint à demi-corps en habit militaire.
44. Tabatiere quarrée d'or ciselé, représentant des paysages, avec figures & des architectures.
45. Tabatiere ovale d'or émaillé en bleu par parties, avec des ornemens & festons d'or de couleurs, contenant six médaillons peints en figures, représentant les déesses Vénus, Junon & des Génies.
46. Tabatiere ronde de prisme d'amétyste, dont la couleur violette, représente la terre sortie du déluge ; sur le blanc est sculptée une colombe avec œil de diamant, & portant la branche d'olivier travaillée en or avec des émérandes. Cette tabatiere avec cercles & gorge d'or, est enrichie d'un bec de brillans & de rubis.
47. Tabatiere hexagone en forme de tombeau, de granit sculpté en coquilles avec moulures : elle est montée en or de couleurs gravé & ciselé.
48. Tabatiere de lapis lazuli, en forme de coquille à grande gorge d'or, avec bordure ciselée en or de couleurs, enrichie d'un bec en brillans.
49. Tabatiere quarrée d'or ciselé en rayons, avec des bas-reliefs en or de couleurs, & des fleurs émaillées.
50. Tabatiere d'agathe orientale, en forme de double coquille, & à deux couvercles, montée en or.
51. Tabatiere ovale de jaspe-sanguin, avec gorge & cercles d'or.
52. Tabatiere ovale d'or, ciselé en compartimens, avec figures & oiseaux en or de couleurs : le dessus & le dessous de la tabatiere sont ornés d'un médaillon émaillé en figures.
53. Tabatiere ovale d'or émaillé en rubans jaunes & bleus, avec des ornemens gravés.

54. Tabatiere en quarré-long de laque rouge, ayant fur chaque face un médaillon cifelé en trophées & fleurs, en or de couleurs : elle eſt montée en cage & doublée en or.
55. Tabatiere ovale, dont le deſſus & le deſſous font en écaille garnie de petits cloux d'or, formant des arbriſſeaux. Le corps de la tabatiere eſt d'or cannelé avec des lames d'acier. Les cercles & la doublure font auſſi d'or.
56. Tabatiere en forme de coquille, d'or cifelé en relief, avec figures & architectures.
57. Une petite tabatiere de caillou d'Égypte en forme de coquille, avec la gorge & les cercles d'or gravé.
58. Tabatiere ronde de carton avec cercles d'or, & un médaillon à méchanifme fur le couvercle.
59. Tabatiere ronde d'écaille blonde.
60. Tabatiere quarrée d'écaille travaillée en petits cloux d'or.
61. Petite tabatiere ronde d'écaille blonde, incruſtée de petites étoiles en or.
62. Grande tabatiere ovale & plate, d'ivoire fculpté, repréſentant le chœur des neuf Muſes danſantes.
63. Tabatiere d'ivoire ovale, plate, ayant des ornemens fur le couvercle en petits cloux d'or, & une charniere d'or.
64. Une petite tabatiere plate d'ambre.
65. Petite tabatiere plate d'écaille, dont le couvercle eſt orné de deſſins en petits cloux d'argent.
66. Tabatiere d'ivoire en forme de chaloupe; le couvercle eſt de nacre de perles, montée en argent.
67. Petite tabatiere de carton à cercles d'or, avec un médaillon: elle eſt doublée d'écaille.
68. Tabatiere de porcelaine, peinte en fleurs, non montée.
69. Tabatiere de porcelaine de Munich, en blanc, travaillée en oſier, non montée.
70. Tabatiere d'ancienne porcelaine en blanc & bleu, non montée.
71. Tabatiere d'agathe d'Allemagne, montée en pinsbec.
72. Tabatiere ovale d'or de Manheim, à quatre charnieres.
73. Tabatiere ronde d'ivoire, doublée d'écaille, avec le portrait de S. M. l'Empereur fur le couvercle.
74. Tabatiere d'agathe d'Allemagne, en forme de coffret, montée en pinsbec.
75. Tabatiere de porcelaine de Munich, en forme de panier, dorée intérieurement & montée en argent.
76. Tabatiere quarrée de nacre de perles guillochée, montée en cage en pinsbec.
77. Tabatiere ronde de carton, doublée d'écaille : le couvercle & le deſſous font en étain colorié, repréſentant des points de vue.
78. Tabatiere ronde d'écaille griſe, avec deux médaillons, repréſen-

TABATIERES

tant le Roi & la Reine de France, entourés de cercles d'or fur le couvercle.

79. Tabatiere d'émaille, repréfentant un faifan.
80. Tabatiere ronde d'écaille brune, avec un bas-relief; allégorie de la naiffance du Dauphin.
81. Boëte à mouches d'écaille, travaillée avec des petits cloux d'or, & dorée intérieurement.
82. Tabatiere quarrée plate, auffi d'écaille.
83. Tabatiere d'ivoire doublée d'écaille, avec un lotto fur le deffus du couvercle.
84. Tabatiere ronde d'écaille fondue, couleur verdate, avec un médaillon aux armes Impériales fur le couvercle.
85. Grande boëte à tabac à fumer, de buis.
86. Quatre tabatieres de buis.
87. Quatre dito différentes.
88. Quatre tabatieres auffi de bois.
89. Quatre dito.
90. Tabatiere à tabac à fumer, de bois.
91. Tabatiere de porcelaine en forme de corbeille, peinte en couleurs, avec un bouquet de fleurs fur le couvercle, montée en argent.
92. Tabatiere de porcelaine, formant une figure chinoife, montée en argent.
93. Une dito, repréfentant un berger, montée en argent.
94. Une dito, repréfentant un cerf couché.
95. Tabatiere formée par une coquille, montée en argent, avec couvercle de nacre de perles.
96. Une pareille.
97. Deux flacons à eau de fenteur, de porcelaine; l'un repréfente un écureuil, & l'autre, un petit grouppe avec une figure & une chevre: ils font montés en or.
98. Un pommeau de canne de porcelaine, repréfentant un bufte de femme.
99. Deux têtes de pipes de porcelaine, repréfentant des vifages de femme, dont une montée en argent.
100. Un enfant mailloté de porcelaine, formant un étui monté en pinsbec.
101. Un bec à corbin de criftal.
102. Quatre fiches de nacre de perles.
103. Trois couteaux à manches de nacre de perles, dont un à lame d'argent.
104. Deux couteaux à manche d'écaille.
105. Couteau & fourchette dans un étui de corne.
106. Quatre paires de cifeaux, & quatre canifs.
107. Quatre paires de cifeaux, & fix canifs.
108. Une noix de cocos, montée en argent avec goulot & chaîne.
109. Une poire à poudre de corne, garnie en argent.

ET OUVRAGES D'AGRÉMENT.

110. Trois gros étuis de bois.
111. Un étui garni en or, contenant un petit flacon avec bouchon & virole d'or.
112. Un petit étui d'écaille avec cercles d'or.
113. Un petit coffre de bois de mahony, renfermant trois boëtes de fer-blanc, avec couvercles de cuivre.
114. Un coffret quarré de bois de rose, contenant quatre flacons de cristal, garnis en vermeil avec un entonnoir de même, & une tasse de porcelaine de Saxe à double anse, avec sa soucoupe, peintes en fleurs à bouquets détachés.
115. Une petite boëte de carton, représentant quatre livres & un petit au-dessus.
116. Une boëte de fer-blanc, formant deux livres, & servant d'écritoire.
117. Deux petites statues de la sainte Vierge dans des niches, un étui & une plume, d'ivoire.
118. Un étui, une petite corbeille, & un œuf, travaillés à jour avec médaillons, en ivoire.
119. Un coffret d'ivoire, sculpté & travaillé par parties à jour.
120. Une rape à tabac d'ivoire, gravé avec figures & différens ornemens, en relief, montée en vermeil.
121. Une dito, montée en argent; un manche de couteau aussi d'ivoire, travaillé en bosse & représentant les Vertus Théologales, avec quatre têtes d'anges.
122. Une petite imprimerie portative.
123. Une tabatiere ronde de houille d'Angleterre, garnie en bronze doré.
124. Deux petites pieces d'émail pour un flacon : un petit almanach avec couvertures de laque.

MONTRES ET PENDULES.

1. Une montre d'or à répétition, à double caisse, à l'angloise, dont la seconde est enrichie de diamans roses, & ornée de médaillons en agathes arborisées; Londres, par Cabrier. Cette montre a un crochet platiné en or & garni comme la caisse, en diamans & agathes arborisées.
2. Une piece en forme d'étui, montée en or & entourée de glaces, dans lequel se trouve un mouvement qui bat les quarts des secondes, marque les jours des mois, le jour de la semaine, les changemens de saison, les phases de la lune, &c. Cet ouvrage présente neuf cadrans & est orné de petites figures d'argent; il porte le nom de Kelhoff-Manheim.
3. Une montre françoise, dont le mouvement à cylindre est dans une boëte d'or à deux glaces pour en laisser voir le méchanisme; elle porte le nom de J. C. Moré, à Paris.

4. Une montre françoife à répétition à timbre, dont la boëte en or de couleurs repréfente des oifeaux; les deux boutons fervant à l'ouvrir font en brillans : elle porte le nom de Romilli, à Paris.

5. Une petite montre à répétition à timbre, pofée fur un pied, dont elle fe détache, & formant une petite pendule. Cette piece eft cifelée en or de couleurs, avec un médaillon émaillé en bleu fur la caiffe de la montre: elle porte le nom de l'Epine, à Paris.

6. Une montre françoife à répétition; la boëte en or de couleurs émaillé dans le goût de Teniers, avec entourage & aiguille en diamans rofes, & deux brillans fervant de boutons pour ouvrir la boëte; porte le nom de Sarton, à Liege.

7. Une montre françoife à répétition; la boëte en or de couleurs; elle eft entourée de gros diamans rofes, la boucle en eft auffi garnie. Cette montre eft enrichie d'un gros brillant pour le pouffoir, & de deux pour les boutons.

8. Une montre à boëte d'or, façon angloife, mouvement ordinaire; la boëte eft garnie de deux rofettes & trois croiffans en brillans & rubis; les aiguilles & boutons font en brillans; par Wampé, à Liege.

9. Une montre fort large à boëte d'or unie avec bords à filets; par Vicher, à Paris.

10. Une montre à boëte d'or entiérement émaillé, repréfentant à l'extérieur, la naiffance du Sauveur, & dans l'intérieur, un payfage; dans le milieu du cadran eft la Vierge portant l'enfant Jefus, auffi en émail: la peinture eft des freres Huan: le mouvement eft à cylindre, par Rouma, à Liege.

11. Une montre françoife à boëte d'or unie, avec bords gravés; mouvement ordinaire; porte le nom de Viger, à Paris.

12. Une montre françoife à boëte de porcelaine de Saxe, garnie en or; elle eft peinte en payfage avec figures d'un jeune homme jouant de la flûte, & d'une jeune fille jouant de la mandoline; mouvement ordinaire; porte le nom de Julien Leroy, à Paris.

13. Une montre françoife à boëte d'or émaillé en bleu, avec une rofette en or de couleurs, & les cercles en cordes; la boëte s'ouvre à fecret, & a un mouvement ordinaire; portant le nom de Chs Leroy.

14. Une montre françoife à boëte d'or émaillé, repréfentant un bouquet de fleurs dans un vafe; mouvement ordinaire; portant le nom de Furet, à Paris.

15. Une groffe montre à boëte d'argent, façon angloife; porte le nom de Quarré, à Londres.

16. Une grande pendule de table, dont le pied eft une terraffe en bronze doré, au bas de laquelle eft un étang avec des cygnes; de cette terraffe, s'éleve un arbre auffi de bronze doré, portant une pendule furmontée par un berceau en treillage, de même matiere,

dans lequel est placé un petit Amour: au pied de l'arbre, dont toutes les branches, de même que le berceau, sont chargées de fleurs, sont deux figures à demi-couchées, représentant le dieu de la Meuse & sa Nayade. Les figures & les fleurs sont de porcelaine de Sèves; la pendule, sous un cadre de glace, a un mouvement à sonnerie, marquant les années, les mois, les jours du mois universel, le jour de la semaine, &c: par Sarton, à Liege. Cette piece est placée dans une caisse entourée de glaces.

17. Une grande pendule de table, représentant un autel antique consacré à la Fidélité; on y voit au-dessus deux tourterelles sur un nuage, & Diane qui les couronne; à côté, l'Amour admirant la Fidélité, sculptée en bois doré en or poli. Le mouvement de cette pendule est à sonnerie & à répétition, bat les demi-secondes au centre, par un échappement à cheville: par Rouma, à Liege. Cette piece est placée dans une caisse entourée de glaces.

18. Une grande pendule de table avec un pied à cul-de-lampe; le fond de ces pieces est d'écaille marquetée en cuivre; le mouvement de cette pendule, avec cadran en émail, est à carrillon, qui joue six airs différens, changeant alternativement d'air à chaque heure: par Sarton, à Liege.

19. Une pendule dans une grande caisse d'ébeine, garni en bronze doré; le mouvement de cette pendule a un cadre d'émail, est à carrillon à poids, jouant six airs différens, à l'heure, à la demi-heure, & aux quarts, changeant d'air à la main; par Sarton, à Liege.

20. Une pendule avec mouvement à sonnerie & cadran en émail, dans une grande caisse de bois de menuiserie, sculptée; par Wampé, à Liege.

21. Une pendule avec mouvement à sonnerie & à répétition dans un petit cartelle doré au feu; par Lacan, à Paris.

22. Une petite caisse de pendule de porcelaine de Saxe, peinte en blanc & or, avec un cartouche en paysage; elle est surmontée d'un bouquet & ornée de guirlandes de fleurs détachées, peintes au naturel, & est posée sur une terrasse, portant trois figures de même porcelaine. Cette caisse contient un mouvement ordinaire, portant le nom de Scheffler, Meissen.

PIERRES PRÉCIEUSES.

Une figure de l'Empereur Constantin, dans l'habillement romain, & tenant le sceptre en main; son casque formé d'une dépouille de tête de lion & surmonté d'un panache de filigrane terminé par un diamant & un rubis, est d'onix; le visage, le col, les bras, les mains & les jambes, sont de prisme d'amétyste; les bottines, dont le replis est serré par un nœud de diamans, de jaspe noir; la cuirasse ciselée, à laquelle est attachée une petite croix de diamans, de jaspe jaune; le bas du sayon est de jaspe sanguin; le manteau royal, qui après avoir entouré le haut du corps, retombe par derriere jusqu'à terre; le bas des haut-de-chausses & les deux demi-manches sont de jaspe. Cette figure haute de sept pouces, est posée sur un double pied aussi de jaspe, ayant deux pouces de haut. Toutes ces pierres sont orientales.

Cornaline antique.	1. Un grand bas-relief ovale, représentant un buste d'Empereur, couronné de lauriers, créant César, ou prenant pour son fils adoptif un jeune Prince. Cette piece entourée de huit autres non sculptées, est montée en vermeil.
Onix antique.	2. Un ovale, représentant une tête d'Impératrice en relief, monté en or.
Onix antique.	3. Un ovale, représentant une figure de Pomone en relief, monté en or.
Onix antique en deux couleurs.	4. Un ovale, représentant une figure de Cérès, appuyée sur un tronc, en relief, monté en or.
Onix en deux couleurs.	5. Un ovale, représentant en relief un Prince de la fin du 16e siecle, vêtu en espagnol, monté en or & émaillé.
Onix en deux couleurs. Antique.	6. Un ovale, représentant un buste de femme exquissé, monté en or.
Cornaline antique.	7. Un ovale, représentant en bosse, une tête de jeune fille en chevelure simplement peignée. Cette piece montée en or émaillé est entourrée de six rubis.
Cornaline antique.	8. Un ovale long, figure de l'Immaculée Conception; la Vierge les mains jointes & la tête entourée de rayons, en relief, monté en or.
Agathe-onix.	9. Grand ovale gravé, représentant un héros assis sur des trophées, couronné par la Victoire, tenant de la gauche une branche d'olivier, monté en or.
Jaspe oriental.	10. Un grand ovale gravé, représentant Apollon accompagné de deux Génies, portant chacun une branche de Cyprès, garni en or.
Jaspe sanguin.	11. Dito, représentant une Muse assise sur un autel, tenant de la gauche une lyre, & l'Abondance de bout devant elle.
Agathe.	12. Un ovale oblong en bas-relief, représentant S. Ambroise accompagné d'autres Evêques assis devant une table, couverte d'un tapis, au bas de laquelle sont les corps des saints Servais & Protais, découverts miraculeusement; monté en argent.
Agathe-onix.	13. Un grand ovale gravé, représentant un héros sacrifiant pour la fertilité de la terre, monté en or.
Agathe en deux couleurs, fonds grené. Antique.	14. Un ovale en relief, représentant le Christ à demi-nud, embrassant sa croix, monté en or.
Onix antique en deux couleurs.	15. Un grand ovale en relief, représentant une tête de femme de Thrace, voilée en blanc, avec une coëffure touffue, montée en or.

PIERRES PRÉCIEUSES. 17

16. Un grand ovale en relief, représentant un buste de femme coëffée en peau d'animal : cette piece montée en or est garnie de diamans. — Onix antique en deux couleurs.

17. Un grand ovale oblong gravé, marquant le cancer entouré de huit étoiles, entre les figures de Mercure & de Mars ; monté en or émaillé. — Agathe orientale.

18. Un grand ovale en bas-relief, représentant une tête d'Empereur, les cheveux tressés, entouré d'un orle ; monté en bronze doré. — Onix antique en deux couleurs, fonds grèné.

19. Un grand ovale en relief, représentant une tête de vestale ; monté en or. — Jaspe-sanguin. Antique.

20. Un grand ovale en relief, représentant un Seigneur couronné de lauriers, vivant du tems de Louis XIII, en grand rabat dentelé, en moustache retroussée & pointe de barbe ; monté en or émaillé. — Onix en deux couleurs.

21. Un grand ovale gravé, représentant une tête de vestale ; monté en or. — Jaspe-sanguin.

22. Un grand ovale gravé, représentant un buste d'homme peigné à l'antique, en cuirasse, portant les ailes & le caducée de Mercure sur la poitrine, avec la légende : LVDOVICVS M. S. F. ANGLVS DVX M. ; monté en or. — Agathe blanche.

23 Un grand médaillon travaillé à demi-bosse, représentant d'un côté l'Empereur Commode en Hercule, de l'autre, l'Impératrice son épouse, vêtue de même. — Lapis lazuli.

24. Un grand ovale non gravé. — Onix en trois couleurs.

25. Un ovale en relief, représentant une sainte Face. — Jaspe oriental.

26. Un ovale en relief, représentant une Muse tenant l'orgue antique, ou la flûte à sept tuyaux inégaux. — Onix antique en deux couleurs.

27. Dito, représentant une femme coëffée à la grecque avec un grand collier de perles. — Onix blanc. Antique.

28. Un ovale oblong gravé, représentant Jupiter tenant la foudre de la main gauche, & de la droite son sceptre terminé par un lys françois, & assis sur son aigle. — Agathe orientale. Antique.

29. Un ovale oblong gravé, représentant Lucrece se perçant de son épée, & triomphant ainsi de Tarquin. — Agathe orientale. Antique.

30. Un grand ovale gravé, représentant l'Abondance appuyant son sceptre sur un gouvernail, ayant derriere soi des armes offensives & défensives. — Agathe orientale. Antique.

31. Un grand ovale gravé, représentant Hercule dompteur des chevaux. — Jaspe-sanguin.

32. Un octogone long, gravé, représentant deux Amours qui s'embrassent sous les yeux d'Apollon le Soleil. — Agathe orientale. Antique.

33. Un quarré gravé, représentant Justinien rendant justice. — Agathe orientale.

34. Un ovale gravé, représentant une statue de la Vierge, tenant l'enfant Jesus qui bénit. — Agathe orientale. Antique.

35. Un ovale gravé, représentant la déesse de l'Abondance avec ses attributs. — Agathe orientale. Antique.

36. Un ovale gravé, représentant Apollon sous un olivier, appuyant la — Agathe orientale. Antique.

C

PIERRES PRÉCIEUSES.

main droite sur sa lyre, & son coude gauche sur ses habits posés sur une colonne.

Agathe orientale.	37.	Un grand ovale gravé, représentant Henri IV au pied d'un crucifix.
Jaspe-sanguin.	38.	Un ovale gravé, représentant le signe du Scorpion.
Sardoine antique.	39.	Un quarré-long gravé, représentant le même signe.
Onix en deux couleurs. Antique.	40.	Un ovale oblong en relief, représentant un lion dormant.
Onix en deux couleurs. Antique.	41.	Un ovale en relief, représentant un buste de femme.
Onix antique.	42.	Un ovale gravé, représentant une tête d'amazone.
Onix en deux couleurs. Antique.	43.	Un ovale en relief, représentant un buste de femme coëffée à la Thracienne.
Onix blanc. Antique.	44.	Un ovale en relief, représentant Samson monté sur un lion, le poing droit dans sa gueule.
Onix en deux couleurs. Antique.	45.	Six petits ovales en relief, représentant différens sujets.
Idem.	46.	Trois dito.
Cornalines.	47.	Sept petits ovales gravés, représentant différens sujets.
Différentes pierres.	48.	Trois petits ovales gravés, représentant divers sujets.
Onix.	49.	Quatre petits ovales gravés.
Différentes pierres.	50.	Quatre petits ovales gravés.
Onix antique en deux couleurs.	51.	Un ovale en bas-relief, représentant un enfant avec un chien.
	52.	Deux pierres gravées pour cachets, l'une représente une tête de vieillard, & l'autre une aigle sur le globe du monde.
	53.	Un ovale en nacre de perles à demi-busse, représentant l'Empereur Henri II avec une couronne radiée.
	54.	Un grand ovale en relief, représentant S. Matthieu écrivant.
Onix en deux couleurs.	55.	Un ovale en relief, représentant une tête de vieillard avec un bonnet à l'italienne.
Onix en deux couleurs.	56.	Un ovale en bas-relief, représentant la tête d'un Prince Allemand.
Onix en deux couleurs.	57.	Un grand ovale en bas-relief, représentant deux têtes de héros, vues de profil.
Onix en deux couleurs.	58.	Un ovale en bas-relief, représentant une tête d'homme avec une coëffure & des ornemens particuliers.
Améthyste.	59.	Un ovale gravé, représentant une tête.
Agathe-onix. Antique.	60.	Un ovale gravé, représentant Téthis sur un dauphin, nageant dans la mer, & appuyant la main sur un aviron; au revers, un paon, en bas-relief.
Améthyste. Antique.	61.	Un grand ovale gravé, représentant une tête d'Empereur couronné de lauriers.
	62.	Un ovale gravé, représentant l'Amour volant.
	63.	Une petite figure de femme, ayant les mains jointes, de corail rouge, le pied cerclé en vermeil, posée sur un piédestal de marbre blanc.
	64.	Un petit buste d'onix, représentant une tête d'homme, formant le dessus d'un grand cachet, dont la pierre non gravée est une agathe orientale.

PIERRES PRÉCIEUSES.

65. Une coupe ovale d'agathe orientale avec anses & pied de vermeil.
66. Une idem.
67. Une idem.
68. Une dito, dont le pied est aussi d'agathe.
69. Une coupe ronde d'agathe orientale, montée sur un pied & avec des anses de vermeil.
70. Un vase d'agathe orientale en forme d'urne.
71. Quatre salieres hexagones d'agathe sur trépied de vermeil. Une dito non montée.
72. Un grand chapelet, un dixain, d'agathe; & deux chapelets de corail avec des médailles.
73. Un tour de col, & deux tours de bracelets de grenats.
74. Un petit plat ovale, & une croix, d'aventurine.
75. Seize agathes arborisées pour boutons de manchettes, & seize grenats bruts.
76. Quatre cornalines & cinq agathes blanches, pour boutons de manchettes.
77. Soixante-dix petits rubis & émeraudes, & trente-deux opales.
78. Trente deux pierres bleues de composition différente.
79. Dix-neuf pieces, camées, turquoises œil de crapaud, &c.
80. Quatorze pieces de coquilles d'Italie sculptées en relief, représentant des têtes grecques & romaines.

MÉDAILLES ET MONNOIES CURIEUSES.

Médailles d'Or.

1. Une grande médaille frappée à l'occasion du mariage d'un Prince & d'une Princesse d'Allemagne, représentés sur la face de la médaille, s'offrant mutuellement leur cœur, pesant 13¾ sterlins, dans une boëte d'argent, pesant 2 onces.
2. Médaille, représentant d'un côté la Ste Vierge, de l'autre, S. Mathias, pesant 17¼ sterlins.
3. Treize petites médailles grecques, pesant 1 once 16¼ sterlins.
4. Neuf dito, pesant 8¼ sterlins.
5. Six petits jetons de moyen âge, pesant 4¾ sterlins.
6. Dix jetons de grandeur médiocre, frappés en divers pays, modernes, pesant 16¼ sterlins.
7. Trois médailles grandes du 15e siecle, pesant 8 sterlins.
8. Douze pieces de monnoies, dont neuf hors d'usage, & trois de *Sede vacante* de Liege, deux de l'an 1763, & l'autre de 1771, pesant 1½ once.

MÉDAILLES

9. Une piece de Henri Casimir de Nassau, gouverneur héréditaire de Frise, pesant 12¾ sterlins.
10. Médaille d'Innocent XII, *anno* 1°, pesant 11 sterlins.
11. Deux moutons de Jean Sans-Peur, pesant 7½ sterlins.
12. Médaille, représentant le Roi Michel de Pologne, pesant 6¾ sterlins.
13. Ecu d'or de Charles V, frappée à Besançon, *anno* 1582, pesant 8½ sterlins.
14. Un jeton de Frédéric Guillaume, Duc de Poméranie, pesant 4½ sterlins.
15. Piece de Mathias, Roi de Hongrie, depuis Empereur, pesant 13½ sterlins.
16. Deux ducats de *Sede vacante* de Liege, de l'an 1784.
17. Médaille d'un Electeur séculier de l'Empire, vivant en 1717, pesant 11 sterlins.
18. Un jeton frappé le 25 7bre 1628, à l'occasion de la translation des corps des Saints Rupert & Vigile, patrons de Saltzbourg, pesant 8 sterlins.
19. Deux anciennes pieces, noble à la rose, pesant 5¼ sterlins.
20. Ducat de Ferdinand, Electeur de Cologne, Evêque-Prince de Liege, vers l'an 1600, pesant 2 sterlins.
21. Une piece gothique où sont les portraits d'un Souverain & d'une Souveraine, pesant 4½ sterlins.
22. Médaille de Christian, Margrave de Brandebourg, pesant 2¼ sterlins.
23. Un jeton ayant pour légende: *Generis virtute turbor*, pesant 2¼ sterlins.
24. Médaille frappée à l'honneur de Zuingle l'Hérésiarque en 1719, pesant 4½ sterlins.
25. Deux jetons différens d'Adam Frédéric, Evêque de Bamberg, & de Wirzbourg, Prince du S. Empire, pesant 4! sterlins.
26. Trois pieces de France, deux de Louis XIII, & la troisieme d'un Roi beaucoup plus ancien, pesant 6½ sterlins.
27. Médaille de l'Empereur Trajan, frappée par le peuple Romain, pesant 4¾ sterlins.
28. Médaille de Charles-Nicolas-Alexandre des Comtes d'Oultremont, Evêque-Prince de Liege, pesant 7¾ sterlins.
29. Piece de Portugal de Pierre II, de l'an 1706, pesant 6½ sterlins.
30. Un souverain de l'Empereur, dont il n'y en a eu que très-peu de frappés en 1781.
31. Piece de Jean V, Roi de Portugal, 1732, pesant 18½ sterlins.
32. Médaille frappée en 1729, à l'occasion de la naissance du Dauphin, pesant 2 onces 19¾ sterlins.
33. Piece de François I, 1751, pesant un once & 7 sterlins.
34. Médaille de Bernard de Galen, Évêque-Prince de Munster, sur la réduction de cette ville, pesant 13½ sterlins.
35. Médaille, représentant les têtes des Empereurs Maximilien I,

ET MONNOIES CURIEUSES.

Charles V, & Ferdinand I, pesant 1 once 2¼ sterlins.
36. Piece de Charles II, Roi d'Espagne, 1693, pesant 1 once 8½ sterlins.
37. Médaille de Jean-George, Duc de Saxe, 1619, pesant 1 once 2½ sterlins.
38. Médaille, représentant la ville d'Ulm, *Pro patria cuncta facere & ferre*, pesant 16¾ sterlins.
39. Piece de l'Empereur Léopold I, 1676, pesant 11¼ sterlins.
40. Médaille de l'Empereur François I, avec devise : *Deo & Imperio*, pesant 1 once 11½ sterlins.
41. Médaille de l'Empereur Charles VI, avantage sur les Turcs en 1717, pesant 1 once 6½ sterlins.
42. Piece de Michel Apafi, Prince de Transilvanie, 1671, pesant 1 once 2 sterlins.
43. Médaille, représentant une tête de Sauveur; au revers la ville de Vienne reconnoissant la protection divine ; pesant 1 once 7 sterlins.
44. Médaille du Pape Clément XII de 1736, après avoir orné la fontaine de l'Eau-Vierge, pesant 1 once ¾ sterlins.
45. Piece de Léopold I, 1669, pesant 11 sterlins.
46. Médaille, représentant d'un côté l'Electeur Maximilien-Joseph de Baviere, & de l'autre son épouse Mariamne de Saxe ; pesant 2 onces 14¼ sterlins.
47. Médaille, représentant deux Militaires s'accostant, & dont un tient une bourse ; au revers, un vieillard tenant une bourse dont l'or s'écoule ; pesant 13½ sterlins.
48. Médaille, représentant la Suisse s'animant à conserver sa liberté par l'union, pesant 13¼ sterlins.
49. Médaille sur la canonisation de S. Jean Népomucene, par Benoît XIII, 1729, pesant 1 once 1½ sterlins.
50. Médaille frappée à l'occasion du couronnement de Marie-Thérese, en qualité de Reine de Hongrie, 1741, pesant 1 once ½ sterlin.
51. Médaille frappée à l'occasion du Mariage de Joseph II, avec la Princesse de Baviere, le 23 Janvier 1765, pesant 1 once 2½ sterlins.
52. Médaille frappée à l'occasion de la paix de Riswyck, datée de 1697, pesant 1 once 19½ sterlins.
53. Médaille, représentant le Cardinal de Fleury, procurant l'abondance à la France, par la protection qu'il accordoit aux artistes & aux savans ; pesant 3 onces 6½ sterlins.
54. Médaille de Joseph-Clément, Electeur de Cologne, avec la légende : *Fides inconcussa*, pesant 2 onces 1 sterlin.
55. Médaille, représentant la reconnoissance, par le trait de l'esclave Androdus, qui avoit tiré une épine du pied du lion qui le sauva dans l'amphithéatre ; pesant 2 onces 6 sterlins.

56. Médaille frappée à l'occasion de la paix de Munster, 1648, pesant 1 once 2½ sterlins.

Médailles d'Argent.

57. Médaille d'Innocent XI, à la quatrieme année de son pontificat, entre la paix & la guerre: *Noli auxius esse*, pesant 6 sterlins.
58. Médaille d'Innocent XI, année Iere, ayant bâti un hôpital pour les pauvres, pesant 8½ sterlins.
59. Écu de *Sede vacante* de Liege, 1784.
60. Médaille frappée à l'occasion du sacre de Louis XVI, pesant 1 once 2½ sterlins.
61. Médaille de Philippe Rheingrave, & de Charles-Guillaume, Prince de Saxe, pesant 1 once 6 sterlins.
62. Médaille d'Élisabeth-Christine, Reine d'Espagne, pesant 18¾ sterlins.
63. Médaille de Louis, Marquis de Bade, & de Françoise Sibylle, Gouvernante, sur la paix de Rastadt, 1713, pesant 9½ sterlins.
64. Médaille de Joseph I, couronné Roi des Romains en 1690, pesant 11½ sterlins.
65. Médaille de Ferdinand, Roi des Romains, en 1541, pesant 1 once 6½ sterlins.
66. Médaille de la ville de Bois-le-Duc, sur une route ouverte au commerce en 1741, pesant 8½ sterlins.
67. Escalin de *Sede vacante* de Liege, 1784.
68. Médaille de Joseph II, couronné Roi des Romains en 1764, pesant 2½ sterlins.
69. Médaille, représentant la tonne de Heidelberg, reconstruite par Charles-Louis en 1716, pesant 9½ sterlins.
70. Médaille satyrique contre le Saint-Siege au Jubilé du Lathéranisme en 1717, pesant 3 sterlins.
71. Médaille sur l'institution de l'érection de l'Académie Royale des Sciences & Belles-Lettres de Bruxelles, 1772, pesant 9½ sterlins.
72. Médaille sur le mariage de l'Archiduchesse Marie-Thérese avec le Duc François de Lorraine, pesant 18 sterlins.
73. Médaille sur le mariage de Louis XV, avec la Princesse Marie Leckzenska, pesant 1 once 3 sterlins.
74. Médaille, représentant deux jeunes Princes, dont un parut le 31 décembre 1720, pesant 1 once 4½ sterlins.
75. Escalin de *Sede vacante* de Liege, 1784.
76. Médaille sur le mariage de l'Archiduc-Maximilien avec la Princesse Joseph de Baviere, 13 janvier 1765, pesant 1 once 8 sterlins.
77. Médaille de Jean-Frédéric, Électeur de Saxe en 1535, pesant 2 onces 4 sterlins.

ET MONNOIES CURIEUSES.

78. Médaille pour le mariage de l'Empereur Joseph II, avec Élisabeth, Infante d'Espagne en 1760, pesant 17 sterlins.
79. Médaille sur la statue érigée au Prince Charles dans la Place-Royale à Bruxelles, 1775, pesant 13 sterlins.
80. Médaille de Marie-Thérèse en 1745, pesant 17 sterlins.
81. Médaille de l'aggrandissement de la maison d'Autriche, par l'adjonction de la Galicie & de la Lodomerie en 1773, pesant 1 once 8½ sterlins.
82. Médaille sur le mariage de Jacques III, Roi de la Grande-Bretagne, avec la Princesse Clémentine, pesant 1 once 14½ sterlins.
83. Médaille de Marie-Thérèse inaugurée en 1744, pesant 1 once.
84. Médaille de Charles XI, Roi de Suede, reçu Chevalier de la Jarretiere en 1671, pesant 1 once 3 sterlins.
85. Médaille, représentant la canonisation de Saint Philippe de Néry, de Saint Guetan, du bienheureux Pie V, &c. pesant 1 once 3¼ sterlins.
86. Écu de *Sede vacante* de Liege, de l'an 1724.
87. Idem de l'an 1763.
88. Idem de l'an 1681.
89. Idem de l'an 1724.
90. Idem de l'an 1771.
91. Escalin idem de l'an 1771.
92. Écu de Maximilien-Henri, 1675.
93. Piece des Archiducs Albert & Isabelle, de l'an 1618, pesant 1 once ¾ sterlins.
94. Écu de Maximilien-Henri, de l'an 1681.
95. Médaille d'un Prince né le 10 avril, frappée l'an 1666, lorsqu'il avoit 88 ans, pesant 1 once 8 sterlins.
96. Médaille à l'occasion du mariage de Wadislas IV, Roi de Pologne, & de Cécile-Renée, Archiduchesse d'Autriche, pesant 1 once 15¼ sterlins.
97. Médaille frappée par les appellans de Hollande, à l'occasion de la suppression des Jésuites, pesant 13½ sterlins.
98. Médaille sur l'arrivée des reliques de Saint Liboir en 836, frappée à Paderborn le 23 juillet 1736, pesant 8 sterlins.
99. Médaille quarrée, représentant une tête couronnée de lauriers, au-dessous, *M. de Surville*, pesant 4½ sterlins.
100. Médaille Vénitienne, avec la légende: *Andreas Friti S. M. Venet*; pesant 4 sterlins.
101. Médaille, représentant d'un côté une figure se cachant la physionomie avec les doigts, pour figurer la dissimulation; de l'autre, une main donnant de l'argent; pesant 4½ sterlins.
102. Monnoie de France de Charles IX, de l'an 1572, pesant 5½ sterlins.
103. Médaille de Henri-Jules, qui paroît avoir été Évêque d'Halberstad, Duc de Brunswich & de Lunebourg, de l'an 1597; pesant 18½ sterl.

MÉDAILLES

104. Médaille de George I, Roi de la grande Bretagne, de l'an 1722, pesant 19 sterlins.
105. Médaille frappée en l'honneur de Marie-Thérese, sur la paix de Teschen, pesant 8½ sterlins.
106. Médaille frappée à l'occasion des secours procurés aux malades dans les Pays-Bas en 1779, pesant 12¾ sterlins.
107. Médaille frappée au sujet de l'inauguration de Marie-Thérese, en qualité de Duchesse de Brabant & Comtesse de Flandres, en 1744, pesant 3 sterlins.
108. Médaille, représentant le sacre de Louis XIV, le 31 mai 1654, pesant 3½ sterlins.
109. Médaille d'Auguste-Guillaume, Duc de Brunswich, 1727, pesant 19 sterlins.
110. Médaille de Gustave, Roi de Suede, pesant 18½ sterlins.
111. Une piece, ayant d'un côté le buste de l'Empereur Léopold, de l'autre côté, les armes de la ville de Cologne, pesant 1 sterlin.
112. Médaille d'Auguste-Guillaume, Duc de Brunswich & Lunebourg, de l'an 1727, différente de celle sous N°. 109; pesant 8½ sterlins.
113. Piece de Philippe V, Roi d'Espagne, de l'an 1703, pesant 1 once 1 sterlin.
114. Médaille, représentant l'Empereur Rodolphe II, entouré de trois Electeurs ecclésiastiques, & de ceux de Saxe, Palatin, & de Brandebourg; pesant 14¾ sterlins.
115. Piece de Charles II, Roi d'Espagne, de l'an 1679, pesant 2 onces 2 sterlins.
116. Médaille de Louis XV, avec un St-Esprit entouré de flammes & de rayons, pesant 4½ sterlins.
117. Ecu de *Sede vacante* de Liege, de l'an 1721.
118. Médaille frappée à l'occasion de la coadjutorie de la grande maîtrise de l'Ordre-Teutonique en faveur de l'Archiduc-Maximilien, pesant 8¼ sterlins.
119. Piece de Sigismond Bathori, Prince de Transilvanie, de l'an 1596, pesant 18 sterlins.
120. Piece de Ferdinand, Archiduc d'Autriche, Duc de Bourgogne & Comte de Tirol, pesant 18¾ sterlins.
121. Piece de Maximilien, Archiduc d'Autriche, Duc de Bourgogne, 1616, pesant 18½ sterlins.
122. Médaille de Marie-Christine d'Autriche, & d'Albert Casimir de Saxe, créés Gouverneurs-Généraux des Pays-Bas en 1780; pesant 11½ sterlins.
123. Ecu de Maximilien-Henri, Evêque-Prince de Liege, en 1676.
124. Médaille du Siege Apostolique, vaquant en 1689, pesant 1 once ½ sterlin.
125. Piece de la République de Strasbourg, pesant 18 ¼ sterlins.

126. Médaille semblable à celle sous N°. 103, pesant 18½ sterlins.
127. Médaille frappée en 1607, pour Jean-Guillaume & Frédéric-Guillaume, freres, Ducs de Saxe, pesant 18¾ sterlins.
128. Médaille, représentant d'un côté S. Léger, & de l'autre, les armes de l'Empereur Ferdinand II, pesant 18¾ sterlins.
129. Médaille frappée en l'honneur d'Auguste-Guillaume, Duc de Brunswich, en 1715, pesant 9½ sterlins.
130. Médaille de Maurice, Electeur de Saxe, en 1548, pesant 9¾ sterl.
131. Médaille frappée en l'honneur de T. Schap, député des Etats-Généraux, en 1674, pesant 19¾ sterlins.
132. Médaille du Pape Alexandre VIII, de l'an 1690, pour avoir rendu la fertilité aux champs, pesant 5¾ sterlins.
133. Médaille d'Innocent XI, de l'an 1689, pesant 5¾ sterlins.
134. Semblable de l'an 1684, pesant 5¾ sterlins.
135. Semblable, sans date, pesant 5¾ sterlins.
136. Semblable de l'an 1684, pese idem.
137. Médaille du Siege Pontifical vaquant, de l'an 1730, pesant 9¼ sterlins.
138. Médaille de l'an 1717, frappée par la Ville de Hambourg, pour n'avoir pas été engloutie par les flots, pesant 7 sterlins.
139. Médaille frappée à la mémoire du Prince Charles-Alexandre de Lorraine, décédé le 4 Juillet 1780, pesant 9 sterlins.
140. Médaille de l'Empereur Léopold, de l'an 1701, pesant 4¼ sterlins.
141. Médaille, représentant d'un côté la Purification de Naaman dans le Jourdain; & la figure du Baptême de l'autre côté; pesant 3¼ sterlins.
142. Médaille sur la mort d'un Prince, arrivée le 2 Octobre 1676, pesant 4½ sterlins.
143. Piece de Jean-George, Duc de Saxe, de l'an 1626, pesant 4½ sterlins.
144. Médaille frappée pour l'élection de l'Empereur Charles VI, en qualité de Roi des Romains, le 12 Octobre 1711; pesant 4½ sterlins.
145. Piece de Louis XIII, de l'an 1643, pesant 4½ sterlins.
146. Médaille de Marie Leczinska, Reine de France, pesant 4½ sterlins.
147. Piece de Charles IX, roi de France, de l'an 1565, pesant 5¾ sterlins.
148. Piece de Louis XIII, différente de celle sous N°. 145, pesant 4½ sterlins.
149. Piece de Philippe II, Roi d'Espagne, de l'an 1571, pesant 2 sterlins.
150. Médaille frappée à la mémoire de Joachim Lemmerman l'Ancien, bourguemestre de Hambourg, né en 1622, mort en 1704; pesant 5¼ sterlins.
151. Médaille d'Innocent XII, de l'an 1696, prieres pour la paix, pesant 5¾ sterlins.

MÉDAILLES

152. Jeton de Maximilien-Emmanuel, Duc de Baviere, Gouverneur des Pays-Bas, pesant 1¾ sterlins.
153. Médaille frappée à l'honneur de l'Amiral Ruyter, pesant 2 onces 14¼ sterlins.
154. Médaille frappée à l'honneur de l'Empereur Joseph I en 1705, pesant 1 once 6 sterlins.
155. Médaille, représentant les trois Saints Rois, avec les armes de la ville de Cologne ; & au revers, un navire où l'on voit Ste Ursule, un Pape, &c ; pesant 1 once 8½ sterlins.
156. Piece du Cardinal Wolfang, de Schrattembach, Evêque d'Olmuts, pesant 18¾ sterlins.
157. Médaille, représentant d'un côté la Ste Vierge au-dessus des armes de Paris, de l'autre, S. Rudpert, en 1624 ; pesant 18¼ sterlins.
158. Médaille frappée à l'honneur de S. Lambert pour l'année 1696, comptée pour la millieme depuis son martyre, pesant 4¼ sterlins.
159. Piece de Léopold, Archiduc d'Autriche en 1625, pesant 18¾ sterlins.
160. Piece de Ferdinand II, Empereur, pesant 18¾ sterlins.
161. Piece de Zeelande, de l'an 1771, pesant 18 sterlins.
162. Médaille semblable à celle sous N°. 107, mais plus grande, pesant 14½ sterlins.
163. Piece de Ferdinand, Archidus d'Autriche, Duc de Bourgogne, Landgrave d'Alsace, pesant 18 sterlins.
164. Médaille de Clément XII, 1735, pesant 15 sterlins.
165. Piece de l'Empereur Léopold, de l'an 1698, pesant 9½ sterlins.
166. Médaille de l'Empereur Joseph II, Inauguré Comte de Namur en 1781, pesant 9 sterlins.
167. Médaille d'Innocent XII, de la premiere année de son pontificat, pesant 5¾ sterlins.
168. Médaille frappée par la ville de Bordeaux, à l'honneur de Louis XV, pesant 6 sterlins.
169. Médaille frappée par le Trésor-Royal, à l'honneur de Louis XV, en 1751, pesant 4¼ sterlins.
170. Idem, pesant 4¼ sterlins.
171. Idem.
172. Idem.
173. Médaille frappée à l'honneur de Louis XV, par le corps de l'artillerie, en 1734, pesant 4 sterlins.
174. Médaille frappée par l'Académie Françoise, en l'honneur de Louis XV son protecteur, dont toute la légende est en françois, pesant 5 sterlins.
175. Médaille frappée en mémoire de la levée du siege de Vienne par les Turcs en 1683, pesant 4¼ sterlins.
176. Jeton chinois, pesant 7 sterlins.
177. Autre jeton chinois, pesant 6 sterlins.

178. Piece de France frappée à Paris, avec la tête de Henri III, pesant 3½ sterlins.
179. Médaille ovale dorée, montrant d'un côté le buste du Sauveur couronné d'épines; au revers, le même en *Ecce Homo*, embrassant sa croix; pesant 12 sterlins.
180. Escalin de *Sede vacante* de Liege, de l'an 1724.
181. Idem, de l'an 1763.
182. Idem, de l'an 1771.
183. Idem.
184. Piece sur laquelle on voit d'un côté une mitre d'Archevêque, avec la légende : *Moneta nova .... Tnossiensis* : piece de billon.
185. Piece de Henri IV, Roi de France, pesant 4½ sterlins.
186. Piece frappée par la ville de Deventer : argent de billon.
187. Monnoie de Henri IV, Roi de France, pesant 2½ sterlins.
188. Médaille frappée pour François I, couronné Roi des Romains en 1745, pesant 1½ sterlin.
189. Médaille dorée, représentant d'un côté le buste de Jean Hus, & de l'autre côté son supplice, pesant 13 sterlins.
190. Quatre-vingt-dix petites médailles romaines, pesant 8 onces ¼ sterlins.
191. Quatre-vingt-huit dito, pesant 8 onces 14 sterlins.
192. Quatre-vingt-huit dito, pesant 8 onces 1 sterlin.
193. Soixante-quatre dito, dont quelques-unes grecques, de Bas-Alloy.

Médailles de Bronze.

194. Médaillon, représentant le Duc Charles, Duc de Marlboroug, 1742.
195. Médaillon, dont un côté représente le Buste de Guillaume IV, Prince d'Orange; l'autre, une figure marquant qu'il a été proclamé Stadhouder, le 3 Mai 1747.
196. Buste de Louis-le-Fort, premier Consul de Geneve; au revers, la ville de Geneve, entourée de Génies, représentant le commerce, les arts, &c. frappée en son honneur, pour avoir soutenu les droits de la Cité, en 1734.
197. Médaillon de Frédéric, Roi de Prusse; au revers, un aigle planant au-dessus de Berlin, 1740.
198. Médaillon, représentant d'un côté le buste de Charles-Emanuel, Roi de Sardaigne; de l'autre, ce Prince accompagné de Minerve & couronné par la Victoire, 1739.
199. Médaillon, dont un côté représente Frédéric, Prince de Galles; l'autre, deux Génies soutenant la Couronne Royale panachée.
200. Médaillon, représentant d'un côté le buste de Marie Thérèse, Reine de Hongrie; de l'autre, Minerve armée, 1745.
201. Médaillon doré, représentant d'un côté Marie, fille de Charles I,

Roi d'Angleterre, épousant Guillaume de Nassau, fils de Henri, le 12 Mai 1741 ; de l'autre, Minerve préfentant une branche d'olivier au Prince époux.

202. Médaillon, repréfentant d'un côté le bufte de Carlomaratte, de l'autre, la peinture & le génie.

203. Médaillon, repréfentant les buftes du Prince-Charles de Lorraine, & du Prince Maximilien-Henri fon neveu.

204. Médaillon d'Innocent XIII ; au revers, le même Pape, & près de lui, S. Michel vainqueur de l'hydre à fept têtes, 1721.

205. Médaillon, repréfentant la Hollande défolée en 1772, le 12 Mai.

206. Médaille d'Innocent XI, frappée à l'occafion de la défaite des Turcs, par Jean III, Roi de Pologne, en 1684, fous les aufpices de la Vierge.

207. Médaille de Jofeph-Clément, Électeur de Cologne, &c. repréfentant au revers un lion affis, en 1714.

208. Médaille d'Élifabeth, Duchesse d'Yorck, femme de Henri VII, Roi d'Angleterre, mariée en 1486, morte en 1503 ; au revers, deux branches de rofier fleuri en fautoir, fymbole du luftre donné par cette Princeffe au parti de la *Rofe blanche*.

209. Médaille frappée à l'occafion de la naiffance de Guillaume V, Stadhouder, né à la Haye le 24 août 1772 ; ayant au revers un Ange l'apportant à la Hollande.

210 Cent vingt-huit pieces de métail, médailles & autres.

211. Vingt-deux pieces d'une matiere dure en petits médaillons, repréfentant divers fujets, & figures de l'Hiftoire Ancienne d'après l'antique.

Médailles d'or.

212. Une médaille, repréfentant d'un côté une Vierge, de l'autre, Saint Nicolas, garnie en filigrane : une folidate montée en or.

213. Une médaille, repréfentant d'un côté Notre-Seigneur, de l'autre, la Sainte Vierge : une folidate en filigrane.

214. Un médaillon en nacre de perles, repréfentant un enfant fur une tête de mort, & faifant des boules de favon.

ÉMAUX.

1 UN coffret hexagone, d'argent doré fur un pied de même, foutenu par fix boules de criftal. Ce coffret eft chargé d'oifeaux, fruits & fleurs en relief d'argent émaillé en couleurs ; fes côtés préfentent dans leur milieu fix miniatures en camaïeu rouge, dont les fujets font, l'enlevement d'Europe, Arachné, Jupiter en-

ÉMAUX.

voyant Mars faire la guerre, un Héros & une Héroïne, Vulcain commandé par un Dieu, & Pégase fuyant à l'aspect d'un homme décapité.

2. Deux piédestaux hexagones, émaillés en fond noir & peints en blanc : les dessus & dessous sont ornés de festons avec une tête dans le milieu; les côtés de l'un représentent divers traits de l'Histoire Sacrée, ceux de l'autre, des traits de la Fable.
3. Quatre grands chandeliers émaillés en bleu avec des fleurs en or, avec leurs bobeches.
4. Six dito petits.
5. Deux dito petits émaillés en lilas, avec des fleurs en or.
6. Deux dito petits émaillés en blanc, avec des fleurs bleues.
7. Une boëte de montre ancienne à couvercle, émaillée sur or, dont une partie représente Rebecca offrant à boire à Eliezer; l'autre, Rebecca offrant à boire aux compagnons d'Eliezer. L'intérieur est peint en paysages. On peut former de ces deux pieces deux médaillons.
8. Un médaillon formé par une boëte de montre émaillée, représentant Diane à la chasse, dans un cadre noir.
9. Deux ovales émaillés sur or, représentant un homme & une femme.
10. Un ovale émaillé sur or, représentant un Prince en cuirasse.
11. Un ovale émaillé, représentant une femme avec les lettres NH.1750.
12. Un petit ovale monté en or avec un anneau, représentant Saint Antoine de Padoue tenant l'enfant Jesus.
13. Deux ovales émaillés, dont un représente Joseph-Clément de Baviere; l'autre, Jean-Louis d'Elderenne, Evêques-Princes de Liege.
14. Un petit ovale émaillé sur or, représentant une bergere qui conduit son troupeau.
15. Un ovale émaillé, représentant l'élévation du Sauveur en croix, dans un cadre en rocaille d'argent.
16. Une Ste Face dans un cadre d'or émaillé; un petit ovale d'ambre, représentant d'un côté la tête de Notre-Seigneur; de l'autre, celle de la Vierge, monté en or émaillé avec fleurs en relief.
17. Les douze Empereurs Romains, ciselés en or sur un fond bleu émaillé, & ayant des couronnes émaillées en verd.
18. Deux ovales oblongs de forme octogone en émail, représentant des paysages avec figures en couleurs & or.

LAQUE.

1. UN grand baſſin profond, de très-vieux laque, avec un payſage dans le fond, accompagné d'une bordure octogone, ayant huit cartouches ſur le bord, & quatre dans l'intérieur, ſur fond aventurine : Le plat eſt ceintré & orné de feſtons de même couleur : diametre 14½ pouces.
2. Deux grands plats de très-vieux laque, ayant dans le fond un bouquet de fleurs en relief rouge & noir : le bord du plat eſt en figures, animaux & pavillons chinois auſſi en relief : diametre 15 pouces.
3. Un ſervice de très-vieux laque, conſiſtant en ſix taſſes avec leur ſoucoupe, dont les bords ſont en moſaïque, & le fond avec figures chinoiſes, fleurs & oiſeaux ; deux théïeres cannelées avec payſages & fleurs ; un coquemar & une jatte idem.
4. Deux jattes à couvercle avec leur plateau : l'intérieur des jattes & couvercles, eſt en laque rouge.
5. Deux boëtes à ſavonettes.
6. Un petit cabinet à deux volets, contenant ſix tiroirs, au-deſſus deſquels il y a un porte-montre & deux petites niches, de vieux laque.
7. Une caſſette de très-vieux laque en deſſins à la moſaïque, avec des cartouches & des fleurs, dont le deſſus eſt en couvercle rentrant ; elle contient une écritoire & un ſablier d'or gravé avec médaillons en payſages ; un canif & un porte-crayon à manche de criſtal de roche garni en or ; dans le deſſous de cette caſſette eſt un tiroir à mettre du papier.
8. Deux écuelles à anſes en forme de coquille, avec leur couvercle & plateau de très-vieux laque.
9. Un grand gobelet dont le pied & le bord ſont garnis en bronze doré, de très-vieux laque.
10. Un petit cabinet de laque, avec des fleurs gravées en rouge, en or & couleurs, contenant cinq tiroirs ſous deux volets. Vieux laque.
11. Une boëte hexagone en grands fleurages, ayant ſur le couvercle des armes d'Azur Marin, à deux croiſſans, montant à ſix raies d'argent, deux & une en abyme, & une étoile : elle contient ſept autres petites boëtes, & un plateau dont le deſſous eſt en aventurine, de même que l'intérieur des autres pieces.
12. Une grande jatte à punch, à fond ſablé d'or avec fleurages & oiſeaux : l'intérieur eſt en or, le deſſous noir. Cette jatte a 5½ pouces de hauteur, & 9 de diametre. Vieux laque.
13. Deux petites boëtes, une quarrée & l'autre en nœud de ruban, avec fleurages & payſages.

LAQUE. 51

14. Un service de laque rouge fleuragé, consistant en un petit cabaret quarré, une théïere, six tasses avec leur soucoupe, une jatte & un sucrier à couvercle.
15. Un cabaret, six tasses avec leur soucoupe, un petit sucrier à couvercle aussi de laque rouge.
16. Deux bourdons de laque rouge, dont l'ouverture est garnie de bouchons à vis; sur l'une est peint un poisson en noir & or.
17. Deux jattes & deux tasses de laque noir avec fleurages; quatre soucoupes de tasse de laque rouge avec fleurages.
18. Un grand coffre voûté, incrusté en burgau d'un très-beau dessin, présentant des cartouches en paysages, avec figures & animaux en or sur fond noir. Ce coffre de vieux laque a $22\frac{1}{2}$ pouces de largeur sur $13\frac{1}{2}$ de profondeur, & $15\frac{3}{4}$ de hauteur : il est garni de cuivre doré, avec une serrure de même.
19. Un coffre voûté dans le goût du précédent, ayant 21 pouces de largeur, 10 de profondeur & 11 de hauteur.
20. Un dito, avec arbrisseaux, fruits & fleurs en relief : il a 10 pouces de largeur, 8 de profondeur & $10\frac{1}{2}$ de hauteur.
21. Un grand cabaret de plusieurs contours, sur un pied de bois travaillé à jour.
22. Deux grands cabarets quarrés.
23. Un dito, quarré-long.
24. Deux dito, octogones oblongs.
25. Un grand rond à contours, un plus petit.
26. Six dito, dont quatre quarrés & deux de forme singuliere.

PIECES DE BOUCARO.

1. Une très-grande théïere travaillée à jour à l'extérieur.
2. Une caffetiere surmontée d'une fleur travaillée en bas-relief.
3. Deux théïeres, dont une garnie de bronze doré, travaillée en relief avec des figures d'animaux.
4. Deux dito, dont une travaillée en médaillons à jour, de boucaro blanc, avec anse & goulot de même; l'autre, de boucaro blanc, travaillé en fleurs, animaux & insectes en relief.
5. Deux dito, dont une hexagone sur un plateau octogone : elle est travaillée en fleurs & animaux en bas-relief, & le couvercle est surmonté d'un lion : l'autre représente un tronc d'arbre, dont une branche sert d'anse, & forme des ornemens en relief sur la théïere, accompagnés de petits animaux.
6. Deux théïeres, dont une quarrée, travaillée à jour & montée en argent; l'autre est ronde, montée en bronze doré.
7. Trois especes de jattes à double anse.

PIECES DE BOUCARO.

8. Trois dito, dont une est peinte en or & couleurs.
9. Six especes de petits vases, dont deux travaillés à jour.
10. Cinq petites fioles.
11. Sept autres pieces de différentes formes, dans lesquelles se trouve une espece de tabatiere.
12. Deux grands chapelets, dont un rouge avec la croix & les gros grains dorés; l'autre est en blanc.

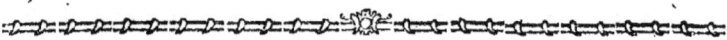

PIERRE DE LARD,

TERRE DE RIS, ET TERRE CUITE DE LA CHINE.

13. Quatre figures chinoises accroupies, sur des terrasses.
14. Deux especes de petits écrans, peints en figures chinoises.
15. Deux petits flacons à eau de senteur, travaillés à jour à l'extérieur.
16. Trois petites figures chinoises accroupies.
17. Quatre figures aussi accroupies, dont deux un peu plus grandes.
18. Deux crapeaux servant d'écritoire & de sablier; un petit vase en forme de coquille servant de pot-pourri.
19. Quatre figures chinoises, dont deux debout sur pied; l'une est un bonze, l'autre un lettré, & deux accroupies de différente grandeur.
20. Deux figures chinoises accroupies.
21. Une figure chinoise assise, tenant de la droite un vase en forme de gourde, & de la gauche un bâton; un grouppe de deux animaux monstrueux, la mere & le petit; une femme montée sur le premier animal.
22. Deux figures chinoises accroupies, ayant un vase à leur côté, deux petits Chinois couchés, la tête sur un vase.
23. Deux pagodes dans des niches.
24. Une figure de bonze, dont la robe est travaillée en dentelle: il est posé sur une rocaille percée en plusieurs endroits.
25. Une figure de bramine, soutenant de la droite sa robe, & tenant de la gauche une sandale indienne. La robe est gravée en dentelle & dorée.
26. Deux figures, l'une d'un Chinois, tenant un bâton entre ses bras, l'autre d'une Chinoise, portant un pot de fleurs.
27. Deux grands plats avec un pot à l'eau, fond blanc, vernissés en rouge.
28. Huit pieces de serpentine, dont deux en forme de pots à couvercle avec anses, une boëte à thé, un petit sucrier avec son couvercle, quatre boëtes rondes, dont les bouchons sont à vis.

PORCELAINE.

Grands Pots, Urnes, Vases, grandes Terrines ou Bassins, Services, & différentes Pieces de Vieille Roche, Japon, de la Chine, &c.

1. UNe garniture complette consistant en trois pots avec leur cou- Ancien Japon. vercle surmonté d'un bouton, bleu & or, & en deux vases. Ces pieces ont différens cartouches fond blanc, peints en grands fleurages en or & couleurs, sur un fond bleu & or. Hauteur des pots 27 pouces, des vases 19.
2. Deux jattes ou bassins renversés, formant un vase, fond blanc, Des Indes. peints en figures chinoises & fleurages : 14 pouces de diametre.
3. Une garniture complette de trois pots, avec leur couvercle sur- Ancien Japon. monté d'une pagode, & de deux vases peints en or & fleurages. Ces pieces sont de moyenne grandeur.
4. Une grande jatte avec son plat & couvercle surmonté d'un coq Ancien Japon. doré, peints en or & couleurs, avec des cartouches en fleurages & oiseaux. Diametre de la jatte 10 pouces, du plat 15½ pouces.
5. Deux grandes pagodes, peintes en or & couleurs : hauteur 23 Ancien Japon. pouces.
6. Une garniture complette de trois pots & deux vases de moyenne Des Indes. grandeur, & deux grosses théïeres, fond brun, avec cartouches blancs, peints en fleurs : les théïeres avec figures.
7. Deux urnes fond bleu, fleuragées en or : hauteur 16 pouces. Ancien Japon.
8. Une garniture complette de trois pots avec couvercles, & deux Des Indes. vases en fleurs & oiseaux ; de moyenne grandeur.
9. Six grandes tasses à chocolat avec leur couvercle & soucoupe, Ancien Japon. peintes en fleurages & or, avec des médaillons.
10. Cinq vases fond bleu avec des cartouches blancs peints en fleurs, & Japon. deux sucriers à couvercle avec anses idem.
11. Six jattes à bouillon, fond blanc, peintes en or & couleurs, avec Ancien Japon. leurs couvercles & plateaux à contours.
12. Quatre vases en forme de bouteille, fond blanc, avec des médail- Vieille roche. lons bleus, gorge & bord brun. Deux entonnoirs idem.
13. Un service composé d'une théïere, jatte, sucrier avec couvercle Des Indes. & plateau, boëte à thé, pot au lait, douze tasses à café, six à chocolat, & douze soucoupes ; fond bleu avec médaillons en blanc, ornés de fleurs.
14. Un petit surtout composé d'une soucoupe, avec quatre petits pots. Ancien Japon.
15. Une garniture de trois pots avec leur couvercle, & deux vases fond Japon. blanc, peints en fleurs & or ; de moyenne grandeur.

E

PORCELAINE.

Vieille roche. 16. Une grande jatte ou baffin, peinte en payfages avec une bordure intérieure & un panier de fleurs dans le fond: diametre 14 pouces.

Ancien Japon. 17. Deux urnes fond noir, émaillé en grands fleurages & oifeaux: hauteur 19 pouces.

Ancien Japon. 18. Trois pots avec leur couvercle furmonté d'un lion doré; de moyenne grandeur.

De la Chine. 19. Un baffin avec un pot à l'eau, de forme extraordinaire, peint en payfages avec figures chinoifes.

Vieille roche. 20. Une garniture complette de trois pots avec leur couvercle, & deux vafes, de forme octogone.

Ancien Japon. 21. Quatre pots en forme de boule, peints en fleurages, animaux & oifeaux.

Ancien Japon. 22. Deux grandes cafetieres à trépied, avec leur couvercle à bouton doré, dix taffes avec leur foucoupe & une jatte peintes en deffins & fleurs fur un fond couleur de brique.

Vieille roche. 23. Une garniture de trois pots à anfes dorées avec leur couvercle furmonté d'un lion doré, peint en figures chinoifes.

Vieille roche. 24. Une jatte avec fon plateau, deux autres jattes pareilles, fix taffes avec leur foucoupe, travaillées à jour à l'extérieur, en blanc, dont le fond auffi blanc eft peint en fleurs bleues.

Ancien Japon. 25. Six grandes taffes à chocolat avec leur plateau & couvercle, peintes en grands fleurages & or.

Ancien Japon. 26. Six compotiers fur pied & à anfes dorées, avec leur couvercle à contours feftonnés.

Vieille roche. 27. Une garniture confiftant en un coquemar garni en argent, une théiere, une jatte, fix taffes de forme octogone avec leur foucoupe, un fucrier à anfes, un petit pot & une boëte à thé.

Des Indes. 28. Une théiere avec fon plateau, une jatte & dix taffes avec leur foucoupe.

Ancien Japon. 29. Deux efpeces de lion fur des piédeftaux, en blanc.

Vieille roche. 30. Une garniture complette de trois pots avec leur couvercle, & deux vafes peints en payfages. Hauteur des pots 19½ pouces, des vafes 18 pouces.

De la Chine. 31. Une garniture complette de trois pots avec leur couvercle furmonté d'un lion doré & de deux vafes. Ces pieces font fond blanc, travaillées en fleurs de couleurs, en relief.

Ancien Japon. 32. Deux vafes en forme de cruche avec anfes & goulots, fond blanc, peintes avec grands fleurages en or & couleurs.

Ancien Japon. 33. Une grande jatte à couvercle avec fon plat, peinte avec grands fleurages en or & couleurs. Diametre du plat 18 pouces, de la jatte 11 pouces.

Ancien Japon. 34. Trois pagodes de moyenne grandeur, peintes en or & couleurs.

Ancien Japon. 35. Une garniture complette de troits pots avec leur couvercle à boutons à faces, dorés, & deux vafes. Ces pieces font ornées de médaillons en relief avec figures & peintes en fleurages & or.

PORCELAINE.

36. Deux soucoupes sur pied, & deux grandes théieres. Ces pieces sont de forme octogone, fond blanc, peint en fleurages & oiseaux. *De la Chine.*

37. Un pot à l'eau avec son bassin, peint en fleurs & or. *Des Indes.*

38. Huit tasses, un sucrier avec couvercle & plateau, deux boëtes à thé fond jaune, avec fleurs en lilas. *Des Indes.*

39. Un bassin fond bleu, fleuragé en or, orné de cartouches blancs, peints en grands fleurages en couleurs avec oiseaux; dans l'intérieur sont peints des poissons. Hauteur 14½, diametre 21 pouces. *Ancien Japon.*

40. Deux urnes fond blanc, fleuragées en bleu; elles sont de forme différentes; hautes de 16 pouces. *Vieille roche.*

41. Deux vases fond bleu-pourpré, avec des ramages verds & des fleurs blanches en relief: les bords & les anses sont aussi en verd. Ces pieces sont enrichies d'une garniture avec des guirlandes de bronze doré au feu; elles portent chacune 15¼ pouces de hauteur. *Ancien Japon.*

42. Six plats fond blanc, peints en grands fleurages avec des oiseaux & poissons en or & couleurs: ils ont 18¼ pouces de diametre. *Ancien Japon.*

43. Une garniture complette de trois pots avec leur couvercle, & deux vases en bleu & blanc; de moyenne grandeur. *Vieille roche.*

44. Une garniture complette de trois pots avec leur couvercle & deux vases. *Vieille roche.*

45. Un surtout composé d'un plateau, portant un tronc d'arbre, auquel sont attachés deux Génies soutenant une corbeille travaillée à jour: le plateau est garni de quatre petites cuvettes, deux carafes, un poivrier & moutardier: le tout est fond blanc, peint en fleurs de différentes couleurs. *Des Indes.*

46. Deux grandes cafetieres cannelées, fond blanc, peintes en grands fleurages & or, garnies en bronze doré. *Ancien Japon.*

47. Un bassin profond avec un pot blanc & bleu. *Ancienne porcelaine.*

48. Deux petites pagodes peintes en or & couleurs. *Ancien Japon.*

49. Un service composé d'une cafetiere à trépied avec un robinet d'argent, & couvercle surmonté d'un bouton doré; deux sucriers avec couvercles, ornés de petites figures chinoises; six grandes tasses à chocolat avec leur soucoupe & couvercle; six tasses à café avec leur soucoupe & une jatte, peints en fleurs, or & couleurs. *Ancien Japon.*

50. Quatre compotiers sur pied avec anses, & couvercles surmontés d'un lion doré. *Ancien Japon.*

51. Une petite garniture de trois pots & deux vases avec leur couvercle. *Vieille roche.*

52. Une petite garniture de cinq vases de forme extraordinaire, dont le milieu forme un nœud quarré: ils sont peints en ornemens chinois. *Ancien Japon.*

53. Quatre petits barils avec fleurages, bleu & blanc. *Vieille roche.*

54. Une petite garniture de trois pots & deux vases, fond blanc, peint en fleurs. *Des Indes.*

55. Un service composé de six tasses à chocolat & cinq soucoupes, six *Vieille roche.*

PORCELAINE.

taſſes à thé avec leur ſoucoupe, une jatte, une théïere, un ſucrier en blanc & bleu avec figures chinoiſes.

Ancien Japon. 56. Un ſervice compoſé de ſix taſſes à chocolat avec leur ſoucoupe & couvercle; ſept taſſes à thé & leur ſoucoupe, une grande théïere & une jatte.

Vieille roche. 57. Une garniture complette de trois pots avec leur couvercle à bouton, & deux vaſes peints en grands fleurages & médaillons en gros bleu & blanc. Hauteur des pots 21 pouces, des vaſes 19½ pouces.

Ancien Japon. 58. Une garniture de ſept pots, avec leur couvercle, dont trois ſurmontés d'un lion, deux d'un bouton bleu, & deux d'un bouton doré. Ces pieces ſont fond blanc, peintes en bleu, verd, & autres couleurs avec figures chinoiſes. Deux de ces pots ont des anſes de bronze doré : ils ſont de moyenne grandeur.

Vieille roche. 59. Une garniture de trois pots ronds à couvercle, avec des anſes de bronze doré, peints en payſages chinois avec figures.

Ancien Japon. 60. Deux vaſes en forme de bouteille, fond blanc, peints en couleurs avec animaux; de moyenne grandeur.

Ancien Japon. 61. Deux vaſes en forme de bouteille, peints en fleurages, or & couleurs.

De la Chine. 62. Deux cruches avec anſe & goulot, fond blanc, peintes en couleurs avec médaillons.

Ancien Japon. 63. Une grande jatte avec ſon plat & couvercle ſurmonté d'un lion doré. Ces pieces, fond blanc, ſont peintes en fleurages bleu & or, & en ornemens de couleur noire, formant des cartouches avec ramages & oiſeaux en or & couleurs. Le plat a 16 pouces de diametre, la jatte 11 pouces.

Ancien Japon. 64. Trois petites pagodes peintes en or & couleurs.

Ancien Japon. 65. Six vaſes, fond blanc, peints avec des fleurs en or & couleur rouge; de moyenne grandeur.

Vieille roche. 66. Une petite garniture de trois pots avec leur couvercle & deux vaſes peints en payſages.

Ancien Japon. 67. Deux jattes avec leur couvercle & plateau, peintes en couleurs & or.

Japon. 68. Un pot à l'eau avec couvercle monté & garni en argent, & ſa cuvette. Ces pieces ſont fond blanc avec fleurages en bleu, & autres fleurs en or & couleurs.

Japon. 69. Un ſervice de ſix taſſes, ſucrier, jatte, théïere avec plateau.

Vieille roche. 70. Une urne, fond gros bleu, avec des cartouches & des médaillons blancs, peints en fleurs bleues : hauteur 23 pouces.

Ancien Japon. 71. Deux pagodes peintes en or & couleurs : elles portent 18 pouces de hauteur.

Ancien Japon. 72. Six pots ronds avec couvercles plats : ils ſont fond blanc, peints en or avec fleurages & oiſeaux.

Ancien Japon. 73. Trois pagodes en blanc, de moyenne grandeur.

PORCELAINE.

74. Deux terrines avec leurs plats & couvercles à bouton bleu & or : Japon. elles sont peintes en mosaïque, avec des cartouches en paysage, en or & couleurs.
75. Deux vases ou grands crachoirs, fond blanc, peints en fleurs au naturel. De la Chine.
76. Deux gros pots à l'eau avec anse en blanc & bleu. Ancienne porcelaine.
77. Six vases, dont deux plus petits : ils sont fond bleu-pâle, peints en fleurages gros bleu, avec fleurs & oiseaux en demi-relief. Ancien Japon.
78. Un service composé d'une cafetiere, une jatte & douze tasses, peintes en or & couleurs. Ancien Japon.
79. Une garniture de trois vases, & deux especes de pots qui ont des anses & des couvercles à bouton doré & montés en argent. Ces pieces sont fond blanc, peintes en or & couleurs, avec des fleurs en bas-relief. Ancien Japon.
80. Quatre compotiers avec couvercles & plateaux cannelés, peints en fleurs & or. Ancien Japon.
81. Un service de six tasses à thé, une jatte, théiere, boëte à thé, en blanc & bleu. Ancienne porcelaine.
82. Une jatte & douze grandes tasses à prendre du punch, fond blanc, peintes en fleurs & or. Diametre de la jatte 12 pouces. Japon.
83. Deux chiens levriers, bruns, avec collier verd & bleu, & grelots dorés. Ancien Japon.
84. Une garniture de trois pots avec leur couvercle à bouton bleu, & deux vases. Ces pieces sont en dessins mosaïques blancs & bleus, peints en fleurs & oiseaux en bleu. Hauteur des pots & des vases 14½ pouces. Vieille roche.
85. Cinq grands pots à placer des arbrisseaux, peints en grands fleurages & oiseaux, bleu & blanc, avec une bordure dans l'intérieur. Vieille roche.
86. Deux grandes cafetieres de forme antique, portées par trois pagodes, travaillées en fleurs & oiseaux, en relief en couleurs; les robinets sont d'argent, & le couvercle d'une est garni en argent, & surmonté d'une petite corbeille de même. Ancien Japon.
87. Une garniture de trois pots avec leur couvercle surmonté d'un lion doré, & deux vases. Ces pieces sont peintes en mosaïque, avec grands fleurages & oiseaux, en or & couleurs. Les pots ont 30 pouces de hauteur, les vases 21 pouces. Ancien Japon.
88. Un petit service de six tasses, une jatte, une théiere garnie en bronze doré. Vieille roche.
89. Deux jattes avec leur plateau à bords cannelés, peintes en or & couleurs. Ancien Japon.
90. Une garniture de six gobelets sur pied, dont quatre avec couvercle à bouton, en blanc & bleu. Vieille roche.
91. Un service consistant en une cafetiere, six tasses à chocolat avec leur soucoupe & couvercle, une jatte, une théiere avec plateau, Ancien Japon.

PORCELAINE.

un sucrier & six tasses avec leur soucoupe, peint en or & couleurs.

Vieille roche. 92. Un service consistant en une cafetiere sur trois pieds & avec robinet de bronze doré; le couvercle est garni de même; six tasses à chocolat, sept à café avec leur soucoupe, une jatte, un sucrier, un pot au lait.

Ancien Japon. 93. Deux pots avec leur couvercle, & un vase de forme octogone, fond blanc, peints en verd & couleurs.

Vieille roche. 94. Un pot isolé avec couvercle, en bleu & blanc, avec figures chinoises: haut de 15½ pouces.

Ancien Japon. 95. Un plat peint en fleurs, en or & en couleurs, ayant 19 pouces de diametre.

Porcelaine dite grac. 96. Deux vases fond gris, peints en fleurages verds & oiseaux, avec deux lézards formant les anses.

Ancien Japon. 97. Deux plats peints en compartimens avec fleurages & insectes, pavillons & figures chinoises, ayant 21½ pouces de diametre.

Ancien Japon. 98. Un vase isolé en forme de gourde avec un bouchon; il est chargé d'une grande quantité de figures, représentant des jeux chinois.

Ancien Japon. 99. Deux grandes terrines en rocaille, portées par quatre griffes de lion, avec leur couvercle & plat, peintes en compartimens avec fleurs & oiseaux.

Ancien Japon. 100. Trois pagodes chinoises, dont une en couleurs & or, les deux autres en blanc; de moyenne grandeur.

Ancien Japon. 101. Une garniture complette de trois pots avec leur couvercle surmonté d'une pagode chinoise, & deux vases. La base & la partie supérieure de ces pieces sont en bleu & blanc, le milieu est chargé de fleurages & oiseaux en relief, peints en or & couleurs sur un fond noir. Les pots ont 22 pouces de hauteur, les vases 13½ pouces.

Vieille roche. 102. Une fontaine quarrée, avec son couvercle surmonté d'un lion doré. La base & la partie supérieure sont travaillées en ornemens à jour; le robinet est de bronze doré.

Ancien Japon. 103. Six plats en fleurages en or & couleurs, avec des bouquets dans le fond.

Ancien Japon. 104. Une jatte avec son plat à cotes de melon, peints en grands fleurages avec or & couleurs.

Ancien Japon. 105. Six grandes tasses à chocolat avec leur plateau & couvercle, deux jattes octogones avec leur plat, fond bleu fleuragé en or & couleurs.

Ancien Japon. 106. Quatre petites jattes renversées, formant deux boules, fond blanc, avec couleurs & or.

Ancienne porcelaine. 107. Un service, consistant en une cafetiere, théière, pot au lait, sucrier, jatte, six tasses à chocolat cannelées avec couvercles, seize tasses octogones avec leur soucoupe, & boëte à thé avec son plateau, le tout en bleu & blanc.

PORCELAINE.

108. Deux écuelles avec leur couvercle surmonté d'un ruban en forme d'anse, & leur plateau, peintes avec fleurs en or & couleurs. Ancien Japon.
109. Un service, consistant en huit tasses avec leur soucoupe, une théïere, un pot au lait, un sucrier, une jatte & une boëte à thé, en bleu & blanc. Ancienne porcelaine.
110. Deux compotiers de forme octogone, avec leur plat & couvercle, peints en or & couleurs. Ancien Japon.
111. Deux jattes & douze tasses, dont six octogones en bleu & blanc. Ancienne porcelaine.
112. Deux jattes à bouillon avec leur couvercle & plateau, peintes en fleurs avec or. Ancien Japon.
113. Deux jattes, six tasses octogones, six dito avec figures chinoises, avec leur soucoupe; six tasses à chocolat avec leur soucoupe. Vieille roche.
114. Deux pots avec leur couvercle surmonté d'un bouton de bronze doré; ils sont fond blanc, peints avec des dessins en gros bleu & blanc. Ces pots ont 31 pouces de hauteur. Vieille roche.
115. Une grande jatte ou bassin, avec couvercle & son plat; elle est peinte en or & couleurs avec médaillons. Le plat a 19 pouces de diametre, le bassin 13½ pouces. Ancien Japon.
116. Un vase isolé avec son couvercle à bouton doré, peint en grands fleurages, avec des médaillons, en or & couleurs : il a 20 pouces de hauteur. Ancien Japon.
117. Une urne fond bleu, chargée de grands poissons en couleurs, & de fleurs & autres poissons en or : elle est haute de 15 pouces. Ancien Japon.
118. Cinq plats, dont un de 20½ pouces de diametre, un de 19½, deux de 18, & un de 17 pouces. Dix dito suivans de différente grandeur. Ils sont en dessins bleu & blanc, avec médaillons & figures. Vieille roche.
119. Deux vases quarrés, dont les pans percés à jour & peints en mosaïque & fleurs, contiennent des médaillons avec figures chinoises. Ancien Japon.
120. Trois plats, peints en paysages, chargés de pavillons & figures chinoises en or & couleurs, ayant 18½ pouces de diametre. Ancien Japon.
121. Un bassin à barbe, peint en fleurs, en or & couleurs. Ancien Japon.
122. Trois petits vases, peints en fleurs. Ancien Japon.
123. Une garniture de trois petits pots & deux vases fond blanc, peints en fleurs & oiseaux. De la Chine.
124. Deux plats, dont le milieu est peint en pot de fleurs avec un grand bouquet, les bords avec fleurages en or & couleurs : l'un a 19 pouces, l'autre 17 pouces de diametre. Ancien Japon.
125. Un bassin à barbe, peint en fleurs en or & couleurs. Japon.
126. Deux théïeres ornées de fleurs en relief; deux petits grouppes de deux figures chinoises. De la Chine.
127. Un plat, dont le fond beau bleu, parsemé de fleurs d'or, est orné de quatre cartouches blancs, peints en fleurs en or. Il a 18½ pouces de diametre. Ancien Japon.
128. Un bassin à barbe, peint avec fleurs en or & en couleurs. Japon.

Ancien Japon. 129. Six pots avec leur couvercle furmonté d'une efpece de lion : ils font fond blanc, ornés de grands bouquets de fleurs, & de deffins fond bleu, chargés de fleurs. Les deux plus grands ont 27 pouces de hauteur, les quatre autres 22 pouces.

Ancien Japon. 130. Six vafes de forme octogone, gros bleu, fleuragés en or, avec des anfes en bleu & or. Les plus grands ont 19 pouces de hauteur, les autres 14 pouces.

Ancien Japon. 131. Deux pagodes chinoifes, peintes en couleurs.

Ancien Japon. 132. Six plats peints en grands ramages en or & couleurs : 19 pouces de diametre.

Vieille roche. 133. Un vafe à anfes, couleur verd-pomme, travaillé en mofaïque, en bas-relief, & orné de deux payfages en médaillons, peints en bleu fur fond blanc : il porte 16½ pouces de hauteur.

Ancien Japon. 134. Deux terrines avec leur couvercle & plat, peintes en médaillons, avec infectes & fleurs en or & couleurs.

Ancien Japon. 135. Douze plats de trois différentes grandeurs, peints en médaillons, avec fleurs en or & couleurs.

Ancien Japon. 136. Douze dito idem.

Ancien Japon. 137. Six dito idem.

Ancien Japon. 138. Deux petites pagodes chinoifes, peintes en or & couleurs.

Ancien Japon. 139. Six compotiers fur pied avec leur couvercle, peints en fleurs en or & couleurs.

Ancien Japon. 140. Deux écuelles avec leur couvercle & plateau, peintes en fleurs en or & couleurs.

Ancienne porcelaine. 141. Un pot à café, avec couvercle d'argent en torfe : il eft peint en grands fleurages bleu & or.

Ancienne porcelaine. 142. Une cruche avec anfe, fond blanc, peinte en fleurs bleues.

Vieille roche. 143. Un fervice confiftant en une grande cafetiere & un coquemar, montés en argent ; une grande jatte, un fucrier à anfes avec couvercle, une théïere garnie en bronze doré, une boëte à thé, un pot au lait, fix taffes à chocolat, douze taffes à café, avec leur foucoupe.

Japon. 144. Cinq terrines, dont deux plus petites, avec leur couvercle furmonté d'un bouton bleu & or. Elles font peintes avec cartouches en or & couleurs.

Ancien Japon. 145. Deux petits fucriers avec leur couvercle, peints en couleurs & or.

Ancien Japon. 146. Un furtout compofé d'un plateau avec fix fioles & pots, peints en fleurs & couleurs.

Vieille roche. 147. Deux jattes à couvercles avec leur plateau, en bleu & blanc, avec figures.

Ancien Japon. 148. Deux écuelles à anfes dorées avec leur couvercle & plateau, fond gros bleu, avec infectes en or, & ornées de médaillons blancs, peints en fleurs auffi bleu & or.

Ancien Japon. 149. Deux théïeres, fond verd-noirâtre, avec fleurs en or. Elles ont des chaînes & des becs d'argent doré.

PORCELAINE.

150. Une jatte avec son couvercle & plateau, peints en fleurs en or & couleurs. — Ancien Japon.
151. Trois plats peints en fleurs en or & couleurs. — Ancien Japon.
152. Deux plats idem. — Ancien Japon.
153. Deux magots sur des galeries, peints en couleurs. — De la Chine.
154. Deux jattes fond bleu, fleuragées en or. — Ancien Japon.
155. Une garniture d'un pot avec couvercle & deux vases, en blanc & bleu. Hauteur du pot 20 pouces, des vases 17½. — Ancienne porcelaine.
156. Un plat portant un vase à anses rouges, avec couvercle surmonté d'un bouton doré. Le tout peint en dessins, cartouches en fleurs en or & couleurs : le vase a 10 pouces de hauteur, le plat 14½ pouces de diametre. — Ancien Japon.
157. Un pot isolé avec son couvercle surmonté d'une rocaille servant de bouton; il est peint en fleurs avec or & couleurs : de moyenne grandeur. — Ancien Japon.
158. Un vase isolé, fond bleu-pourpre, avec des ramages verds & des fleurs blanches en relief. Les anses & le bord sont aussi en verd. — Ancien Japon.
159. Deux jattes renversées, formant une boule, en fleurs & couleurs. — Des Indes.
160. Deux plus petites idem. — Des Indes.
161. Un plat bleu & blanc à grands fleurages, ayant 18½ pouces de diametre. Deux dito plus petits & quatre assiettes. — Vieille roche.
162. Six assiettes blanc & bleu, à bord brun contourné. — Vieille roche.
163. Deux vases ou bouteilles quarrées, blanches travaillées en mosaïque & encadrées en bleu. — Vieille roche.
164. Deux grands plats, dont le fond représente un jardin chinois avec un pavillon, dans lequel sont quatre personnes; la bordure est aussi peinte en paysages avec figures. — De la Chine.
165. Un bassin à barbe avec bordure en fleurs, & des figures chinoises dans le fond. — De la Chine.
166. Une petite garniture de trois pots avec leur couvercle, & deux vases, en torse, peints en fleurs. — Japon.
167. Idem peints en fleurs, oiseaux avec or. — Des Indes.
168. Deux plats peints en grands fleurages en or & couleurs. Diametre 18 pouces. — Ancien Japon.
169. Un bassin à barbe, peint en or & couleurs avec fleurages. — Ancien Japon.
170. Deux figures chinoises assises, tenant un livre à la main, & dont les têtes se meuvent. — De la Chine.
171. Un plat profond, peint en grands fleurages en or & couleurs. Il a 19 pouces de diametre. — Ancien Japon.
172. Bassin à barbe, peint en fleurs & couleurs, ayant dans le fond les armes d'Artois. — Japon.
173. Quatre petites théieres en or & couleurs. — Ancien Japon.
174. Quatre jattes fond blanc, travaillées & peintes à côtes, en bleu & or. — Ancien Japon.

F.

Des Indes. 175. Deux plats fond blanc, peints en fleurs avec oiseaux & insectes. Diametre 13½ pouces.

Ancienne porcelaine. 176. Un vase isolé avec son couvercle surmonté d'un lion : il est fond blanc peint en bleu avec figures.

Ancien Japon. 177. Quatre plats peints en fleurages en or & couleurs; de moyenne grandeur.

Ancien Japon. 178. Une jatte avec son plat, peints en grands fleurages en or & couleurs.

Ancien Japon. 179. Onze grandes tasses à chocolat, avec couvercles & soucoupes, peintes en fleurages avec des médaillons, en or & couleurs.

De la Chine. 180. Deux jattes octogones avec leur plateau, peintes en figures.

Ancien Japon. 181. Quatre jattes renversées, formant deux boules; elles sont fond verd-pomme, avec des fleurs rouges émaillées.

Ancienne porcelaine. 182. Un service, consistant en une cafetiere, une jatte, un sucrier à couvercle, un pot au lait, six tasses à chocolat avec leur soucoupe, six tasses à café aussi avec leur soucoupe, en bleu & blanc.

Ancien Japon. 183. Deux grands gobelets, sur des plateaux & avec leur couvercle surmonté d'un coq doré, placé sur une rocaille, peints avec fleurs en or & couleurs.

Ancienne porcelaine. 184. Une jatte avec bordure à la grecque en relief, sept tasses à chocolat, six petites tasses avec leur soucoupe, un pot & un sucrier avec leur couvercle, en bleu & blanc.

Ancien Japon. 185. Deux compotiers avec couvercles & plateaux. Ils sont cannelés, peints en or & couleurs.

Vieille roche. 186. Un petit service d'une jatte, six tasses avec leur soucoupe, une théière, & une fiole, peintes en bleu & blanc, avec figures.

Ancien Japon. 187. Deux petites jattes à bouillon avec leur plat & couvercle, peintes en fleurages en or & couleurs.

Ancienne porcelaine. 188. Deux jattes, douze tasses avec leur soucoupe, six tasses à chocolat, en bleu & blanc.

Ancien Japon. 189. Un service, consistant en une grande cafetiere à trépied, représentant des bachanales chinoises en relief; six tasses à chocolat avec leur couvercle & soucoupe, six autres tasses avec leur soucoupe, une jatte, deux sucriers avec couvercles & plateaux. Toutes ces pieces sont cannelées, peintes en fleurs en or & couleurs.

Ancien Japon. 190. Une garniture complette de trois pots avec leur couvercle surmonté d'une pagode, & deux vases peints en grands fleurages & animaux, en or & couleurs. Les pots portent 22½ pouces de haut, les vases 14 pouces.

Ancien Japon. 191. Deux pagodes, tenant un enfant sur les bras, & dont les têtes se meuvent : elles sont peintes en verd, rouge & or.

Ancien Japon. 192. Deux jattes à bord percé à jour en anneaux, avec leur plateau à contour, peints en fleurages en or & couleurs.

Ancien Japon. 193. Deux plats peints en fleurages & or avec des cartouches en oiseaux, sur fond blanc. Ils ont 18 pouces de diametre.

PORCELAINE.

194. Un vase octogone ouvert par les deux extrêmités qui sont ornées d'une bordure à la grecque, percée à jour & peinte en verd. Sur les faces de cette piece sont peints des Chinois, montés sur des animaux extraordinaires, peints en différentes couleurs sur fond blanc. *De la Chine.*

195. Trois vases, dont un plus grand; ils sont verd-pomme, avec fleurages & oiseaux en différentes couleurs, en relief. *Ancien Japon.*

196. Un plat fond blanc, peint en compartimens & fleurs, en couleur rouge & or. Diametre 19 pouces. *Ancien Japon.*

197. Un vase isolé en forme de gourde, en bleu & blanc avec figures chinoises. *Vieille roche.*

198. Trois vases fond blanc, peints en fleurs. *Des Indes.*

199. Un service, consistant en une grande cafetiere à anse, garnie, montée sur trois pieds, & avec robinet de bronze doré; une grande jatte, six tasses à chocolat, six à café, six à thé, toutes avec leur soucoupe; un sucrier avec couvercle, une théïere, boëte à thé, & pot au lait: en blanc & bleu. *Vieille roche.*

200. Un service, consistant en une cafetiere à double anse, avec couvercle à bouton doré; six tasses à chocolat avec leur soucoupe; cinq autres tasses avec couvercles & soucoupes, une jatte & une théïere. Ces pieces sont en fleurages en or & couleurs. *Ancien Japon.*

201. Cinq petites coupes avec couvercles, en blanc & bleu. *Vieille roche.*

202. Deux grandes jattes avec leur plateau, six petits plats, & six encore plus petits. Toutes ces pieces sont cannelées & peintes par bandes, alternativement, bleu & or; blanc avec des attributs chinois, & rouge avec fleurages blancs & or: les unes ont des figures chinoises dans le fond, les autres des rocailles. *Ancien Japon.*

203. Six très-petites tasses, un petit pot avec anse & goulot, une jatte sur pied de bronze doré, une théïere garnie de même en bleu & blanc. *Vieille roche.*

204. Cinq gobelets sur pied, en blanc & bleu. *Ancienne porcelaine.*

205. Une garniture de trois pots avec leur couvercle fond blanc, peints en fleurs & ornemens chinois; une petite garniture de trois pots avec leur couvercle, & deux vases peints en fleurs. *Des Indes.*

206. Trois jattes travaillées en relief en mosaïque blanche sur fond verd, ornées de médaillons en fleurs & oiseaux. *De la Chine.*

207. Quatre terrines à anses avec leur couvercle à bouton, en blanc & bleu. *Des Indes.*

208. Deux grandes jattes, & un pot rond avec couvercle, fond brun, avec des cartouches blancs, peints en fleurs en couleurs. *Des Indes.*

209. Une jatte assez grande avec six tasses à prendre du punch, fond blanc, peintes en fleurs à bouquets détachés. *Des Indes.*

210. Un vase isolé, fond blanc, peint en diverses couleurs avec figures chinoises. *Ancien Japon.*

211. Deux pots en forme de boule avec couvercle plat, en bleu & blanc. *Ancienne porcelaine.*

44 PORCELAINE.

Ancien Japon. 212. Une garniture complette de trois pots avec leur couvercle à boutons à faces, & de deux vases. Ces pieces sont de forme octogone; la base & le dessus sont peints en bleu fleuragé en or, ornés de médaillons en fleurs & oiseaux; le centre fond blanc, présente alternativement des grands bouquets, & des pavillons chinois avec figures en or & couleurs. Les pots ont 31 pouces de hauteur, les vases 22 pouces.

Ancienne porcelaine. 213. Deux pots avec leur couvercle, bleu & blanc, avec oiseaux & arbrisseaux.

Ancien Japon. 214. Deux jattes avec leur plateau à côtes & à contour, fond blanc, avec fleurages en or & couleurs.

Ancien Japon. 215. Trois petites pagodes peintes en or & couleurs.

Vieille roche. 216. Une garniture de trois pots avec leur couvercle, & deux vases en forme de bouteille.

Japon. 217. Un service consistant en six tasses avec leur couvercle & soucoupe, six dito, plus grandes aussi avec leur soucoupe, une jatte, une théïere, un sucrier à couvercle, peints en fleurs.

Vieille roche. 218. Une jatte avec son couvercle & son plat peints en bleu & blanc, avec figures chinoises; deux grands sucriers à couvercle, peints de même avec ornemens chinois.

Ancien Japon. 219. Un service composé de six tasses avec leur soucoupe, une théïere, un sucrier & une jatte fond blanc, peints en fleurs.

Vieille roche. 220. Cinq petits vases, dont trois avec leur couvercle, en blanc & bleu avec figures chinoises.

Japon. 221. Une jatte, onze tasses & leur soucoupe, en torse, peintes par bandes vertes & blanches.

Japon. 222. Une grande cafetiere à trépied, garnie & avec robinet en argent; elle est fond blanc, ornée de bouquets de fleurs en or, & avec des bandes bleues & or : dix tasses avec leur soucoupe, une jatte & deux théïeres. Ces pieces sont fond bleu avec des cartouches blancs, peints en fleurs bleues.

Des Indes. 223. Quatre petits grouppes de deux figures chinoises en différentes couleurs.

Ancien Japon. 224. Quatre plats, deux bouteilles, peints en or & couleurs avec fleurs.

Vieille roche. 225. Quatre petits barils peints en fleurs en blanc & bleu.

Ancien Japon. 226. Une jatte avec deux plateaux, cinq tasses & quatre soucoupes, une théïere, fond blanc, peints en bouquets détachés.

Ancienne porcelaine. 227. Trois pots avec anse, dont un avec couvercle de métal, bleu & blanc.

Ancien Japon. 228. Une jatte, six tasses avec leur soucoupe, une petite cafetiere, une petite théïere.

Ancienne porcelaine. 229. Six tasses avec leur soucoupe, une petite théïere & une jatte.

Ancien Japon. 230. Un pot de chambre avec son couvercle, peint en fleurs en or & couleurs.

Ancienne porcelaine. 231. Dix tasses à chocolat en bleu & blanc avec bord brun.

PORCELAINE.

232. Deux petits vases sur pied en forme de coupe, avec leur couvercle à bouton doré, & leur plateau, peints en fleurages en or & couleurs. — Ancien Japon.

233. Six tasses avec leur soucoupe & une jatte à pans, peintes en mosaïque à la grecque en or & avec fleurs; trois tasses & quatre soucoupes, dans le même goût. — Ancien Japon.

234. Une garniture complette de trois pots avec leur couvercle à bouton, & deux vases peints en grands bouquets. — Vieille roche.

235. Une jatte avec couvercle & plateau, peints en fleurs en or & couleurs. — Ancien Japon.

236. Huit plats peints en fleurs en or & couleurs, avec une rosette dans le milieu peinte en bandes bleues, rouges & or. — Ancien Japon.

237. Une fontaine avec sa cuvette à côtes de melon, peintes en fleurs en or & couleurs. — Ancien Japon.

238. Une garniture de trois pots avec leur couvercle & deux especes de vases aussi avec couvercle. — Vieille roche.

239. Une cafetiere, une théïere, six tasses avec leur soucoupe, & une jatte cannelée, peintes en fleurs en or & couleurs. — Ancien Japon.

240. Six tasses octogones à couvercle avec leur soucoupe, six autres tasses à contour avec leur soucoupe, une jatte & une théïere. — De la Chine.

241. Une petite garniture de cinq vases en forme de bouteille, dont la base est couleur soupe de lait, au-dessus une ligne truitée, & le reste fond blanc, peint avec des attributs chinois en bleu. — Vieille roche.

242. Cinq compotiers à trépied avec leur couvercle, peints en fleurs en or & couleurs. — Ancien Japon.

243. Une garniture de six petits vases de formes différentes, en blanc & bleu. — Vieille roche.

244. Une grande jatte avec son plateau, peints en fleurs en or & couleurs. — Ancien Japon.

245. Deux théïeres avec leur plateau, & deux petits crachoirs avec leur couvercle. Ces pieces sont travaillées en relief, peintes au naturel. — De la Chine.

246. Une garniture de cinq petits vases de formes différentes, en bleu & blanc. — Vieille roche.

247. Deux jattes avec leur plateau à côtes de melon; sur chaque côte est peinte une fleur en bleu: le fond est blanc. — Ancienne porcelaine.

248. Deux pots à anse fond blanc, peints avec fleurages & figures chinoises en bleu; un de ces pots a un couvercle d'argent. — Vieille roche.

249. Une jatte, & six tasses à chocolat à couvercle, avec leur soucoupe, peintes en fleurs en or & couleurs. — Ancien Japon.

250. Une jatte élevée avec son couvercle & plateau, peints en fleurs en or & couleurs. — Ancien Japon.

251. Deux écuelles à anses avec leur couvercle & plateau, fond blanc, peintes en fleurs dans des cartouches. — Ancienne porcelaine.

252. Une garniture de trois petits barils & deux gobelets sur pied, bleu & blanc. — Vieille roche.

Ancien Japon. 253. Deux théïeres & trois affiettes à côtes de melon, fond blanc, peintes en fleurs & oifeaux.

Vieille roche. 254. Trois vafes de formes différentes, & un baffin à barbe, blanc & bleu.

Ancien Japon. 255. Deux jattes, quatre taffes & leur foucoupe. Ces pieces font cannelées, peintes en grands fleurages en or & couleurs.

Ancien Japon. 256. Deux jattes à côtes de melon, peintes de même.

Ancien Japon. 257. Une petite cafetiere, une théïere, fix taffes avec cinq foucoupes & une jatte.

Ancienne porcelaine. 258. Deux fucriers avec leur couvercle, fix taffes à chocolat à anfe, blanc & bleu.

Ancien Japon. 259. Une pagode.

Ancienne porcelaine. 260. Quatre vafes ou bouteilles quarrées, peintes en fleurs en bleu & blanc.

Ancien Japon. 261. Deux pots avec anfe, peints avec des bandes bleues & de grands fleurages en or & couleurs.

Ancien Japon. 262. Un plat fond blanc, peint en grands fleurages & avec des poiffons en or & couleurs. Diametre 20 pouces.

Japon. 263. Un plat octogone fond bleu & or, avec des cartouches blancs peints en fleurs en or & couleurs; les armes de corbeau dans le fond. Il a 15½ pouces de diametre.

Vieille roche. 264. Un plat peint en grands fleurages en or & couleurs, ayant 15 pouces de diametre.

Vieille roche. 265. Six taffes avec leur foucoupe, & quatre taffes à chocolat, en bleu & blanc.

Vieille roche. 266. Cinq taffes à chocolat, deux jattes avec des bordures en bleu, cinq petites taffes à côtes avec leur foucoupe, en figures chinoifes.

Vieille roche. 267. Douze taffes à chocolat différentes, fix taffes à thé avec leur foucoupe, peintes en figures chinoifes, bleu & blanc.

Ancien Japon. 268. Six taffes à chocolat avec leur foucoupe; quatre taffes octogones auffi avec leur foucoupe.

De la Chine. 269. Cinq plats de différentes grandeurs, peints avec des cartouches en fleurs en or & couleurs, & des petits médaillons fur fond noir.

Japon. 270. Quatre plats peints avec cartouches & figures en or & couleurs.

Ancien Japon. 271. Trois plats de différentes grandeurs, peints en fleurs avec un coq dans le milieu.

Des Indes. 272. Quatre taffes hexagones avec leur foucoupe, fond blanc, peintes en petits fleurages en or, verd & rouge; fix dito à côtes en or & rouge.

Ancien Japon. 273. Vingt-quatre affiettes fond blanc, avec une bordure rouge, un bouquet de fleurs avec des oifeaux dans le milieu, émaillés.

Ancien Japon. 274. Une grande jatte, fix taffes à chocolat à anfe avec leur foucoupe.

Ancien Japon. 275. Dix affiettes à contour fond blanc, peintes avec des bouquets détachés.

PORCELAINE.

276. Trois jattes, quatre tasses & cinq soucoupes, en bleu & blanc. Vieille roche.
277. Six petites jattes cannelées de différentes grandeurs, dont deux Vieille roche. montées en argent doré.
278. Six tasses avec leur soucoupe, fond jaune, peintes avec des fleurs Ancien Japon. & des poissons, en bleu, verd, brun & rouge.
279. Douze assiettes fond blanc, peintes en petites fleurs, bleu & or. Ancienne porcelaine.
280. Six plats ou saladiers, fond blanc, avec bordure verte, peints en De la Chine. fleurs & oiseaux en couleurs.
281. Six assiettes cannelées & à grand contour, peintes en arbrisseaux & Vieille roche. fleurs, en blanc & bleu avec bord brun.
282. Six tasses fond jaune, avec des bandes vertes & brunes, chargées Ancien Japon. de fleurs; l'intérieur est blanc, orné de fleurs détachées & d'une bordure rouge.
283. Neuf tasses de forme hexagone, avec leur soucoupe, fond Ancien Japon. blanc, peintes en couleurs, avec fleurs, animaux & oiseaux, bord doré.
284. Quatre tasses & six soucoupes cannelées, fond jaune-paille, peintes Ancien Japon. en feuillages verds avec des fleurs rouges, & des insectes en brun : l'intérieur des tasses est blanc, bordé de rouge, & peint avec des bouquets détachés en couleurs. Trois dans le même goût, avec l'intérieur en bleu & blanc.
285. Six petites assiettes fond blanc, peintes avec des feuillages bleus Ancien Japon. & des fleurs en couleur. Les bords sont bruns & contournés.
286. Six assiettes fond blanc, peintes avec des bouquets en or & couleurs. Japon.
287. Six tasses avec leur soucoupe sur pied, & une jatte. Ces pieces Ancien Japon. sont jaunes, peintes avec un dessin en verd, rouge & or; l'intérieur est blanc, peint de même, avec une bordure bleue & un bouquet de cette couleur dans le fond.
288. Dix tasses & deux petites jattes couleur soupe de lait; l'intérieur Japon. est blanc, peint en fleurs bleues, avec une bordure de même couleur.
289. Une grande théïere, représentant une cuve couleur de bois rou- Ancien Japon. geâtre ; le dessus est orné d'un feuillage avec des rats des Indes en relief. Une tasse ou gobelet fond noir, peinte en fleurages verds & couleur de chair, avec des fleurs en blanc; l'intérieur est blanc, avec de petits bouquets détachés.
290. Deux chandeliers, peints en feuillages en bleu & blanc. Ancienne porcelaine.
291. Deux jattes peintes en fleurages, & seize petites fioles de diffé- Ancienne porcelaine. rentes grandeurs, en bleu & blanc.
292. Un petit plat & une assiette, six petits plateaux, quatre petits Ancien Japon & vases avec leur couvercle, une jatte & six petites fioles. vieille roche.
293. Un gobelet avec couvercle, peint en fleurs & or; deux sucriers Ancien Japon. avec couvercle fond blanc avec des cartouches verds & or, avec des poissons : deux petites jattes cannelées, à bord contourné &

PORCELAINE.

doré, peintes avec bouquets & médaillons; deux rats des Indes, & deux petits lions.

Japon. 294. Un service, consistant en un grand plat, deux assez grands, quatre moindre, quatre petits & vingt assiettes. Ces pieces sont fond blanc, avec un bouquet dans le milieu & trois sur le bord, en or & couleurs.

Ancienne porcelaine. 295. Un grand plat, quatre assez grands, six moindres, un saladier & sept assiettes en blanc & bleu.

Japon. 296. Douze grandes tasses fond blanc avec des dessins en bleu, & des bouquets rouge & or.

Des Indes. 297. Deux jattes, six tasses à chocolat, six tasses à café avec leur soucoupe de couleur brune : six vases en forme de bouteilles, même couleur, avec des médaillons blanc & bleu.

De la Chine. 298. Deux pots avec leur couvercle, & deux jattes fond blanc, peintes en fleurs.

Des Indes. 299. Deux plats profonds de différentes grandeurs, peints en fleurs avec des coqs dans le fond : six petits vases blanc & bleu.

Japon. 300. Un plat & six assiettes fond blanc, peints en bleu, or & couleurs.

De la Chine. 301. Une cuvette à anses, fond blanc, peinte en fleurs en couleurs ; une jatte, six tasses avec leur soucoupe.

Ancien Japon. 302. Une jatte, quatre tasses à chocolat avec leur soucoupe, quatre coquilles, deux bougeoirs montés en bronze doré, avec mouchettes & porte-mouchettes de même.

Ancienne porcelaine. 303. Un pot de chambre, & trois vases en blanc & bleu.

Ancienne porcelaine. 304. Un vase, deux petits pots avec leur couvercle, quatre jattes, six tasses avec leur soucoupe, en blanc & bleu.

Des Indes. 305. Neuf saladiers fond blanc, peints en fleurs en or & couleurs ; six assiettes.

Ancienne porcelaine. 306. Dix tasses ou gobelets en blanc ; un dito & trois especes de vases ou tasses aussi en blanc, avec fleurs en relief ; trois tasses à chocolat, une dito à anse, en couleurs ; deux petites jattes montées & avec des anses d'argent doré.

Ancien Japon. 307. Une jatte, quatre tasses, & trois soucoupes ; cinq grandes tasses à chocolat, cinq couvercles, cinq soucoupes, & une théïere.

Ancien Japon. 308. Un petit vase octogone avec son couvercle surmonté d'un coq, & son plateau, peint en fleurs en or & couleurs. Deux jattes du fond desquelles sort un tronc d'arbre avec des fleurs.

Des Indes. 309. Une jatte, six tasses avec leur soucoupe, peintes en fleurs en or & couleurs : une théïere.

De la Chine. 310. Deux théïeres fond blanc avec leur plateau à bord contourné ; elles sont travaillées en relief en fleurs peintes.

Des Indes. 311. Six tasses à chocolat à anse avec leur soucoupe, quatre grandes tasses, six plateaux.

Ancien Japon. 312. Six tasses à chocolat avec trois soucoupes, quatre tasses avec six soucoupes, un petit pot à anse & deux petites soucoupes sur pied.

313. Une théïere, de la Chine; deux troncs d'arbre, ancienne porcelaine; un homme monté sur un animal, vieille porcelaine; une boëte avec couvercle & une petite jatte, porcelaine dite crac.
314. Une jatte, une théïere, deux petites jattes avec leur plateau, cinq taffes avec leur foucoupe. — ^{Japon & de la Chine.}
315. Quatre théïeres différentes, un pot-pourri à trépied avec couvercle percé, une affiette fond bleu fleuragé en or, fix taffes à chocolat, & cinq couvercles, trois taffes différentes & dix foucoupes différentes. ^{Japon & de la Chine.}
316. Dix-huit taffes & dix-huit foucoupes différentes, un pot, une taffe à anfe. ^{Vieille roche.}
317. Dix-huit taffes & vingt-fix foucoupes différentes, un petit pot à boire, un petit vafe, une boëte à thé. ^{Vieille roche.}
318. Un fervice, confiftant en une terrine ovale avec plat & couvercle, un grand plat profond avec fon couvercle, un dito fans couvercle, un fuivant, quatre affez grands plats, quatre fuivans, huit dito fuivans, treize affiettes à foupe & dix douzaines d'affiettes ordinaires, peints en fleurages bleus. Un plat à bord blanc travaillé, deux fuivans, deux autres fuivans. Deux plats à bordure blanche, deux dito plus petits & neuf faladiers; tous peints avec des fleurages bleus. ^{Des Indes.}

Porcelaine de Saxe.

319. Une caiffe de cuir rouge, contenant un déjeûné, compofé d'une cafetiere à trépied, avec robinet & couvercle garnis de vermeil; un pot au lait avec la chaîne du couvercle auffi de vermeil; une boëte à thé, deux taffes à chocolat à anfe, deux autres taffes auffi à anfe, & deux foucoupes; un fucrier en forme & de couleur de citron avec feuillages verds; une petite orange avec fleurs en relief, fervant de bouton au couvercle: les autres pieces font fond blanc, avec une bordure en ofiers & peintes en fleurs au naturel. Les pieds de la cafetiere font en rocailles, ornés de fleurs, en relief.
320. Une figure, repréfentant Saint François-Xavier, un crucifix en main, pofé fur un piédeftal: elle porte 14 pouces de hauteur.
321. Un grouppe de quatre petits enfans, repréfentant les quatre faifons.
322. Un grouppe d'un jeune-homme, & d'une jeune fille, au pied d'un arbre, fur lequel eft monté un petit garçon coupant des cerifes & les leur jetant.
323. Un grouppe, repréfentant Bacchus & Ariane, tenant des coupes en mains, affis fous un arbre, fur lequel font deux Amours; aux pieds de Bacchus eft un tigre, & plus bas qu'Ariane, des tourterelles.

PORCELAINE.

324. Un grouppe de Diane, dormant sur le tronc d'un arbre; l'Amour est à côté d'elle, & deux tourterelles à ses pieds.

325. Deux vases fond blanc, peints en fleurs en couleurs, supportés par des rocailles & avec double anse de bronze doré; ils sont surmontés d'un couvercle à trois tuyaux de même matiere, & servent à mettre des fleurs.

326. L'Impératrice de Russie l'épée à la main, montée sur un cheval blanc pommelé, au galop.

327. Un pot-pourri, formé par un petit vase avec son couvercle couleur de citron, ornés de médaillons entourés d'une dentelle en or, peints en miniature, représentant des marines & des paysages. Cette piece est supportée par un piédestal en rocailles de bronze doré, & garnie d'ornemens de même matiere qui soutiennent le couvercle séparé du vase : sur le pied, sont deux figures & une poule des Indes aussi de porcelaine.

328. Un grouppe d'une bergere avec un mouton.

329. Un grouppe, représentant Léda assise au pied d'un arbre.

330. Un grouppe d'un obélisque en rocailles & fleurs, au pied duquel sont un jeune-homme endormi avec un chien près de lui, & une jeune fille touchant du psaltérion & chantant.

331. Un grouppe de quatre garçons & filles, dansant autour d'un arbre chargé de fruits.

332. Un grouppe de cinq figures, trois hommes & deux femmes en habits de théatre, & dansant un ballet : le pied est chargé d'ornemens.

333. Quatre figures, deux jardiniers & deux jardinieres portant des fruits.

334. Un jardinier & une jardiniere avec des corbeilles de fleurs.

335. Deux Génies soutenant chacun un vase à couvercle percé à jour.

336. Un grouppe de deux petits Amours, tenant un carquois & un arc.

337. Quatre figures, deux jardiniers & deux jardinieres avec fleurs & fruits.

338. Un berger donnant à manger à un chien, & une bergere caressant un mouton.

339. Un jardinier & une jardiniere : deux Amours tenant à la main des cœurs enflammés.

340. Un paysan & une paysanne; un jardinier & une jardiniere assis, avec des paniers de fleurs.

341. Deux figures, représentant des fleuves; Cupidon en berger.

342. Quatre figures, deux femmes & deux hommes.

343. Trois figures différentes.

344. Cinq figures chinoises en robes blanches, peintes en fleurs & or, ayant la tête couverte d'une feuille : la tête d'une de ces figures se meut.

345. Deux figures de scaramouche.

PORCELAINE.

346. Un jardinier & une jardiniere portant des légumes.
347. Un berger & une bergere assis, ayant l'un un chien, l'autre un mouton à leur côté, & chacun un bouquet à la main : un homme assis dressant un chien.
348. Deux troncs d'arbre, accompagnés d'un negre, supportant chacun une corbeille, avec couvercle surmonté d'une branche.
349. Deux figures, un homme assis tenant un oiseau à la main, ayant une cage près de lui; une femme tenant sur les genoux un chat s'élançant après l'oiseau.
350. Deux petits grouppes, chacun de deux enfans jouant avec un bouc.
351. Deux figures de dauphin, montés par des petits Amours.
352. Deux figures de mouton qui se regardent.
353. Deux petits mopses, & un petit singe.
354. Deux grives sur des branches d'arbre.
355. Six pagodes accroupies, dont trois sur des piédestaux, peintes en différentes couleurs & or.
356. Onze tasses à café à anse, & dix soucoupes en bleu & blanc avec fleurs.
357. Six tasses avec leur soucoupe, douze tasses à anse avec onze soucoupes, une théïere & une jatte, en bleu & blanc avec fleurs.
358. Six affiettes à soupe, une petite écuelle à anses avec plateau & couvercle, deux beurriers, dont un rond, l'autre ovale & cannelé, avec leur couvercle; en blanc & bleu avec fleurs.
359. Six tasses avec leur soucoupe, douze dito à anse avec leur soucoupe, une tasse à bouillon à double anse avec sa soucoupe, deux petits pots de toilette. Ces pieces sont avec des fleurs en relief, tout en blanc.
360. Trois petites pagodes assises, en blanc.
361. Une écuelle à anse avec couvercle surmonté d'une pomme de pin, & son plateau, en blanc. Une saliere en coquilles avec une écrevisse & différens coquillages.
362. Deux figures de la Sainte Vierge, comme on la représente au pied de la croix.
363. Une garniture de trois pots avec leur couvercle & deux vases, travaillés en feuillages & fleurs en relief, en blanc.
364. Un service, consistant en une cafetiere, une théïere avec son plateau, un pot au lait, une jatte, une boëte à thé, un sucrier avec couvercle orné d'un branchage verd pour bouton, & douze tasses à anses avec leur soucoupe. Ces pieces sont fond blanc, peintes en paysages avec figures en lilas, & liserées d'une dentelle en or : elles sont du meilleur tems de la manufacture.
365. Un service pareil au précédent, consistant en une théïere avec son plateau, un pot au lait, un sucrier avec couvercle surmonté d'un bouton; une jatte, six tasses & leur soucoupe; quatre tasses

G 2

PORCELAINE.

à chocolat à anſe avec leur ſoucoupe : du meilleur tems de la manufacture.

366. Douze taſſes à anſes avec leur ſoucoupe, ſix dito ſans anſes auſſi avec leur ſoucoupe, une théïere avec ſon plateau, une jatte, & un plateau iſolé, pouvant ſervir de ſucrier. Ces pieces ſont fond blanc, peintes avec fleurs en lilas. Une cafetiere peinte en fleurs de différentes couleurs.

367. Cinq taſſes brunes à anſe avec leur ſoucoupe, peintes dans l'intérieur en bleu.

368. Une cafetiere & ſix taſſes à chocolat à anſe avec leur ſoucoupe, peintes en grands bouquets de fleurs en différentes couleurs.

369. Un ſervice complet, conſiſtant en une cafetiere, une théïere avec ſon plateau, un pot au lait, une boëte à thé, un ſucrier avec couvercle, douze taſſes & leur ſoucoupe, ſix taſſes à chocolat auſſi avec leur ſoucoupe. Ces pieces ſont de couleur lilas, ornées de médaillons peints en miniature en couleurs, repréſentant différentes vues de payſages. L'intérieur des taſſes & des ſoucoupes eſt blanc avec bordure, & double bordures en dentelle en or, dans le fond deſquelles il ſe trouve auſſi des payſages en miniature : les anſes des taſſes ſont entiérement dorées : du meilleur tems de la manufacture.

370. Un ſervice complet, conſiſtant en une cafetiere, une théïere avec ſon plateau, un pot au lait, une jatte, un ſucrier, une boëte à thé & douze taſſes. Ce ſervice fond blanc eſt peint en inſectes en couleurs, avec des fleurs dans le fond des taſſes, & orné de bordures en dentelle en or : du meilleur tems de la manufacture.

371. Une garniture de neuf vaſes de différentes grandeurs, de forme hexagone, peints en fleurs & inſectes, & bordés d'or ; elle eſt dans le goût du N°. précédent, & eſt auſſi du meilleur tems de la manufacture.

372. Douze taſſes avec leur ſoucoupe, fond blanc, peintes en fleurs avec or dans le goût ancien : du meilleur tems de la manufacture.

373. Une garniture de cinq vaſes de différentes grandeurs, peints dans le goût du N°. précédent & avec bordures en or.

374. Un ſervice, conſiſtant en une cafetiere, une théïere, un pot au lait, un ſucrier, une jatte, & douze taſſes à anſe, couleur ſoupe de lait. L'intérieur des taſſes eſt blanc, peint en fleurs bleues & bordées en deſſins de même couleur.

375. Six petites taſſes à anſe, de forme oblongue, & à quatre faces ; le fond blanc, travaillé en oſiers, eſt orné de médaillons avec fleurs & d'une bordure en or : une petite taſſe pareille peinte en couleurs avec figures ; une baignoire d'yeux en fleurs en couleurs & avec or.

376. Un ſervice, conſiſtant en une cafetiere, un pot au lait, deux

théieres avec leur plateau, deux sucriers avec leur couvercle, douze tasses à chocolat à anse, six autres tasses aussi à anse, toutes avec leur soucoupe; une jatte & une boëte à thé. Ces pieces sont peintes en fleurs au naturel & bordées d'or.

377. Deux terrines de forme octogone oblongue à anses, avec leur couvercle surmonté d'un artichaux doré, accompagné de feuilles vertes, & leur plateau; l'une est peinte en paysages avec figures & ornée d'une bordure en fleurages lilas & or; l'autre est en fleurs en couleurs; toutes deux avec les bords dorés: du meilleur tems de la manufacture.

378. Une théïere soutenue dans un plateau par une corbeille de branches entrelancées, peints en gris-de-lin, & ornés de médaillons en paysages avec figures, & de bouquets détachés en couleurs; deux tasses à anse avec leur soucoupe peintes aussi en gris-de-lin avec des figures.

379. Trois vases fond blanc entiérement chargé de petites rosettes bleues en bas-relief: ces pieces sont ornées de médaillons peints en oiseaux en couleurs, qui sont entourés de fleurs relevées au naturel: du meilleur tems de la manufacture.

380. Une écuelle à couvercle avec son plateau, dont le fond bleu dessiné en or, est orné de plusieurs cartouches, représentant des amours, & des trophées peints en couleurs.

381. Une lampe de nuit en forme de baril, peinte en fleurs & cercles d'or: elle est surmontée d'une rocaille peinte en paysages avec figures.

382. Un bénitier en rocailles peint en or & fleurs en couleurs, surmonté d'une tête d'ange.

383. Deux terrines peintes en bouquets de fleurs en couleurs, dont les anses sont formées par des branchages d'arbre & fleurs en relief; les couvercles peints de même, & avec des roses pour boutons, ont des bordures en osiers.

384. Un surtout formé par un rocher, orné de corail & de coquillages, & portant sept coquilles placées par étages; deux artichaux, l'un verd, l'autre en couleurs, s'ouvrant par le milieu & servant de petits vases.

385. Une écuelle avec ses couvercle & plateau, peints en fleurs au naturel avec des papillons, & dont les bords sont en osiers; une dito plus petite, dont le fond travaillé en osiers, est peint avec de petites fleurs, & orné de médaillons en bouquets.

386. Deux girandoles, dont les bases de bronze doré supportent, l'une, un cavalier tenant son fusil; l'autre, un housard avec ses armes sur leurs chevaux au galop: ils sont de porcelaine de même que les fleurs qui les entourent, & accompagnent deux bobeches de bronze doré.

387. Deux terrines avec leur couvercle, peintes en fleurs dans le goût des porcelaines anciennes; les anses & le dessus des couvercles

font formés par des poissons: onze assiettes en feuilles de vigne, représentant des fleurs.

388. Une corbeille de bronze doré & émaillé, remplie d'une quantité de fleurs de porcelaines peintes au naturel, & posée sur un pied en rocailles aussi de bronze doré ; deux bouquets dans le même goût, posés dans des vases d'ancienne porcelaine, garnis de bronze doré & posés sur des pieds de même matiere.

Porcelaine de Séve. Biscuits & autres.

389. Grouppe de Henri IV avec Sully, sur un piédestal. Biscuit.
390. Deux figures, une représentant Léda, l'autre Jupiter avec son aigle. Biscuit.
391. Quatre figures, un chaudronnier, un limonadier, une vendeuse de café, & une de légumes. Biscuit.
392. Un gobelet à anse avec sa soucoupe fond blanc, orné de grands cartouches, représentant des Génies, & avec bordure en or.
393. Un petit broc fond blanc, peint en bouquets détachés en bleu, avec gorge & bordure dorées.

Porcelaine d'Angleterre.

394. Un gobelet fond bleu mazarin, peint en feuillages & oiseaux & avec bordure dentelée en or.
395. Une tasse à bouillon à anse entrelacée, avec son couvercle & son plateau, peints en grands bouquets en couleurs, & bordés en or.
396. Une figure, représentant la justice, les yeux fermés, tenant l'épée de la main droite & la balance de la gauche.
397. Deux bouquets de fleurs d'épines, dans des vases à anses, peints en fleurs en couleurs.
398. Deux figures, un berger ayant un petit chien à côté de lui, & tenant un papier à la main ; une bergere caressant un mouton. Ces figures sont ornées de fleurs.

Porcelaine de Wallendorf.

399. Une garniture assez grande de trois pots avec leur couvercle surmonté d'un petit Amour, & quatre vases de deux différentes formes. Ces pieces, fond blanc, sont peintes en bouquets de fleurs en couleurs, attachés par des nœuds de ruban lilas.
400. Huit figures assez grandes, représentant, la géométrie, la peinture, la poésie, l'astronomie, la foi, l'espérance, la charité, & la justice.
401. Quatre figures, représentant les quatre parties du monde, habillées dans le costume des principaux Souverains de chaque partie.

PORCELAINE.

402. Deux figures, représentant Apollon & Diane.
403. Un service, consistant en deux cafetieres, une théïere, un pot au lait, leurs plateaux, un sucrier avec son couvercle, dix-huit tasses à anse avec leur soucoupe, en bleu & blanc.
404. Trois chandeliers, dont les bobeches sont supportées par des Génies, en blanc & bleu; un bougeoir de même.

Porcelaine de Frankendal.

405. Une tasse à couvercle surmonté d'un feuillage & d'une fleur en or, avec sa soucoupe. Ces pieces sont peintes en bleu mazarin, & ornées de médaillons qui représentent des Génies désignant les Beaux-Arts.
406. Un gobelet avec sa soucoupe sur pied, peints en bleu mazarin avec fleurs en or, & ornés de cartouches entourés d'une dentelle en or, qui représentent des bouquets de fleurs en couleurs.
407. Deux médaillons ovales, représentant, l'un, Léda & des Amours, l'autre, les trois Grâces couronnées par l'Amour: les encadremens & nœuds sont peints en blanc & or.
408. Quatre petits tableaux, représentant des paysages en camaïeu blanc & rouge: les encadremens sont en blanc & or avec un nœud en fleurs.
409. Deux dito, représentant des paysages, en couleurs.
410. Deux double-salieres accompagnées d'une figure.
411. Deux figures, un garçon & une fille, occupés à lire.
412. Deux figures, un garçon & une fille.
413. Un tonnellier & un maréchal.
414. Un garçon dessinant, & une fille tenant un miroir.
415. Deux figures pleurantes, le garçon d'avoir cassé des œufs, la fille d'avoir répandu son pot au lait.
416. Deux figures d'enfans mendians.
417. Deux figures chinoises.
418. Trois magots accroupis.
419. Un grouppe, représentant une fruitiere de qui une petite fille reçoit du fruit, tandis qu'un garçon lui en escamotte & les met en mains d'un autre petit compagnon qui les cache dans son bonnet.
420. Un grouppe d'un marchand d'estampes; un petit garçon qui les considere, & une fille qui s'empresse de les feuilleter.
421. Deux figures habillées en Sultan & Sultane, avec des masques à la main.
422. Deux figures de femme avec l'Amour, pareilles.
423. Deux figures, représentant le printems & l'automne.
424. Deux figures, une femme pleurant, un homme témoignant de la surprise.

425. Un payfan & une payfanne allant au marché, l'un avec des pigeons, & l'autre portant un panier & une poule dans les mains.

Porcelaine de Munich.

426. Quatre oifeaux perchés fur des troncs d'arbre qui leur fervent de piédeftaux, en blanc.
427. Deux buftes, repréfentant un garçon & une fille, en blanc.
428. Deux figures, une femme dont un chien déchire les vêtemens, & un militaire qui rit appuyé fur fon épée, en blanc.
429. Trois figures, une femme en grand panier, un hermite avec fa beface, & un coureur tenant une fille par la main, en blanc.
430. Un grouppe, une femme fe lavant les pieds à une fontaine ornée d'un obélifque, derriere lequel fe trouve un homme caché; un houfard à cheval.
431. Deux grouppes pareils, repréfentant un jeune-homme aux pieds d'une fille, & un Amour, en blanc.
432. Deux coquilles foutenues par trois coquillages, s'ouvrant par le milieu, & formant des efpeces de vafes ou beurriers.
433. Une écuelle à bouillon fur un réchaud, dans lequel eft placée une petite écuelle fervant de lampe, en blanc.
434. Un coquemar monté en argent, placé fur un trépied travaillé à jour, fervant de réchaud, en blanc.
435. Un très-grand grouppe, repréfentant une halte de chaffe fur une motte ornée de rocailles, & de différens ornemens, en blanc.
436. Une grande terrine ovale en forme de rocaille, & travaillée en relief de même que fon plat, en blanc.
437. Six affiettes, dont les bords font blancs en ofiers, dans le fond eft un médaillon, repréfentant des payfages en camaïeu lilas.
438. Une écuelle à anfes, avec fon couvercle furmonté d'un fruit pour bouton; elle eft peinte, & fon plateau en bouquets de fleurs en couleurs avec les bords dorés.
439. Quatre figures, un homme jouant de la flûte & du tambourin, une femme danfant, un vendangeur & une vendangeufe.
440. Quatre figures affifes, un vendangeur & une vendangeufe, un jardinier & une jardiniere.
441. Une figure de Mercure, tenant d'une main le caducée, de l'autre une lettre: deux petits vafes en rocailles à trépied, avec couvercle à jour, pour pots-pourris, en blanc.
442. Une figure chinoife grotefque, repréfentant un aftronome; un chien couché, monté par un petit enfant; un cheval monté par un finge. Ces pieces peuvent fervir de pots-pourris. Une chevre allaitant fon jeune.
443. Sept petites figures, dont une un peu plus grande: elles font couronnées de fleurs & en portent des corbeilles.
444. Quatre figures avec des inftrumens de mufique.

PORCELAINE.
Porcelaine de Vienne.

445. Une caisse renfermant un déjeûné, composé, d'une cafetiere, d'un sucrier, de deux gobelets, dont un à anse, deux tasses, quatre soucoupes. Ces pieces sont fond blanc, peintes en couleurs avec des cartouches en paysages & figures chinoises, ornés de dentelles & dessins en or : elles sont montées en vermeil : les gobelets ont des couvercles de même matiere, & le sucrier en est entiérement doublé. Il se trouve aussi dans cette caisse une petite assiette volante ovale à contours, servant à soutenir un porte-gobelets surmonté d'une espece de coupe ; un couteau, une fourchette, deux cuillers, une autre cuiller, deux petites à café, un coquetier, & une petite boëte formant une double saliere, en vermeil ; & un petit flacon de cristal gravé, monté de même.

Porcelaine de Tournai.

446. Dix-huit assiettes à soupe travaillées à bords en osiers, peints avec quatre bouquets, & un dans le fond ; en blanc & bleu : vingt-quatre assiettes plates & deux grands saladiers de même.
447. Deux petites écuelles avec leur plateau, l'une peinte en bleu, & l'autre en différentes couleurs.
448. Deux bustes, représentant feue son Altesse des Comtes d'Oultremont, Évêque-Prince de Liege.

Fayence rare.

449. Une garniture de neuf vases de différentes formes, fond blanc, travaillés en pavillons & fleurs en relief dorés.
450. Une grosse figure d'homme assis sur un tonneau, formant une cafetiere, dont le robinet & le couvercle formé par un chapeau, sont d'argent.
451. Deux petits beurriers avec leur plateau & couvercle, fond blanc, peints en fleurs avec des médaillons.
452. Deux canards servant de vases pour adaubes, peints en couleurs au naturel.
453. Six grands plats, peints en fleurages avec paysages en blanc & bleu.
454. Une aiguiere fond bleu turquin, avec fleurages en or, & la cuvette de même.

SCULPTURES ET CISELURES

En argent, bronze, marbre, ivoire, bois, acier & plâtre.

1. Une figure d'argent, repréſentant le Sauveur vainqueur de la mort, & de l'ancien ſerpent: ſur un piédeſtal auſſi d'argent, ayant 12½ pouces de hauteur.
2. Un crucifix d'argent, avec un titre & une tête de mort de même, ſur une croix de bois incruſtée en écaille, dont le pied eſt orné d'un feſton d'argent: elle eſt poſée ſur une niche revêtue d'écaille, ornée de quatre colonnes de même, dont les baſes & les chapiteaux ſont de bronze doré: le fronton eſt d'argent, & repréſente le St-Eſprit avec des têtes d'anges. Dans la niche eſt placée une figure de la Vierge en argent, haute de 7½ pouces. Le chriſt eſt de même hauteur.
3. Un ſoleil d'argent accompagné de deux Chérubins & de deux têtes d'Anges ſupportant une couronne: le criſtal eſt entouré de pierreries; les parties dorées ne ſont que de bronze.
4. Le portrait en argent ciſelé, & en bas-relief du Baron de Wanſoulle, Grand-Prévôt de Liege, dans un cartouche orné de ſes armes, en bronze doré.
5. Deux chevaux d'argent doré, un au grand galop & l'autre au trot, ſur des terraſſes.
6. Deux autres figures auſſi d'argent, dont une repréſente une licorne, & l'autre un cerf, ſur des terraſſes.
7. Un chien couchant d'argent, dont la tête ainſi que celles des animaux précédens peuvent ſe détacher.
8. Trois tableaux en quarré oblong, ciſelés en argent en demi-boſſe, repréſentant, l'un, Antoine débarqué en Égypte & reçu par Cléopâtre; un autre, l'enlevement d'Europe; & le troiſieme, Vénus deſcendue du Ciel, & viſitant un jeune-homme ailé.
9. Quatre dito à-peu-près quarrés, repréſentant Vénus embraſſant Adonis, Vénus lui préſentant une fleche; le troiſieme, Vénus le trouvant mort; & le quatrieme, Daphné pourſuivie par Apollon & changée en laurier.
10. Un ovale oblong d'argent, repréſentant Rebecca abreuvant les chameaux d'Eliezer, en relief.
11. Un portrait d'argent en bas-relief, encadré dans du cuivre doré, repréſentant le Général Comte t'Serclaes de Tilly.
12. Un petit tableau d'argent ciſelé en relief, repréſentant Sainte Marguerite, dans un cadre de bois avec un anneau d'argent.

SCULPTURES ET CISELURES.

13. Un ovale d'argent encadré dans du bois, représentant un Mexicain portant sous le bras gauche un rouleau de tabac à fumer, tenant de la droite une pipe, & rejetant de la fumée par la bouche.
14. Un tableau en cuivre ciselé en relief, représentant la fuite en Egypte : hauteur 15 pouces, largeur 11 pouces.
15. Un apis en bronze, ayant 15 pouces de longueur. Antique.
16. Un jeune faune préfentant un raifin à un lézard qui vouloit lui mordre la jambe, fur une terraffe : en bronze : de l'extrêmité de la terraffe au bout du bras gauche la longueur eft de 21½ pouces. Antique.
17. Un gladiateur armé d'un bouclier, en cafque, avec une écharpe : en bronze : hauteur 10 pouces.
18. Un efclave verfant à laver : de bronze : hauteur 12½ pouces. Antique.
19. Divinité chinoife à dix-huit bras, dont un porte une épée & les autres différens inftrumens. Elle eft à mi-corps fur un artichaux pofé fur des dragons monftrueux; le tout fupporté par un piédeftal : en bronze : hauteur 12½ pouces. Antique.
20. La monture de Midas, portant une efpece de bobeche : de bronze.
21. Deux figures d'enfans à la chinoife, montés fur des taureaux monftrueux : en bronze. Les figures peuvent fe détacher. Antique.
22. Un fatyre un genou en terre, foutenant de la droite une efpece de chandelier : en bronze. Antique.
23. Tête d'un vieillard : en bronze.
24. Une petite figure d'un homme affis fur un tonneau, furmonté d'un chandelier : en bronze.
25. Un bufte d'un Magiftrat de Louis XIII : en bronze.
26. Une Iris avec fes attributs : en bronze. Antique.
27. Un fatyre à demi-couché : en bronze. Antique.
28. Une figure d'homme affis, trifte & fatigué : en bronze.
29. Figure de Marcias écorché, tenant de la gauche une petite divinité cornue, attachée à une chaînette : en bronze. Antique.
30. Bufte de Minerve armée, en bas-relief : de bronze détaché.
31. Deux figures fur pied, repréfentant Jupiter & Vulcain, avec leurs attributs : en bronze. Antique.
32. Une figure avec les attributs de la renommée : en bronze.
33. Une figure de Mercure fur pied, tenant de la droite un caducée, & de la gauche une bourfe : en bronze.
34. Une figure de Bellone, armée d'un fabre & d'un bouclier, pofée fur une pomme de pin : en bronze. Antique.
35. Figure d'enfant : en bronze.
36. Une jeune licorne : en bronze.
37. Une clochette ornée en bas-relief, d'un Saint George, & de quelques autres figures ; en bronze.
38. Quatre médaillons de bronze doré en fonte, repréfentant les Empereurs Augufte, Galba, Néron & Domitien.
39. Douze médaillons des douze Empereurs, enchaffés dans une efpece

SCULPTURES ET CISELURES.

de cartouche de bois doré, & douze médaillons de douze Impératrices, enchaffées de même : en bronze.

40. Deux ovales de marbre en relief de 12½ pouces de diametre, repréfentant, l'un, Apollon Pâtre, jouant de fa lyre, ayant vis-à-vis de lui un bélier & une brebis, & à côté un lion ; l'autre, Orphée jouant de la flûte en gardant fon troupeau; dans des cadres de bois noir, ornés de rofettes blanches.

41. Portrait en marbre en bas-relief, repréfentant le Pape Alexandre VIII: hauteur 12½ pouces.

42. Têtes des douze Empereurs en marbre, en relief, attachés fur une planche ; chaque couple affronté dans un cadre de bois doré.

43. Deux petits buftes en marbre, d'un homme & d'une femme.

44. Une figure de Sainte Anne, portant la Vierge & le petit Jefus : en marbre.

45. Un petit grouppe de neuf enfans, jetés les uns fur les autres : en marbre.

46. Deux tableaux d'albâtre compofé, repréfentant l'adoration des bergers, & celle des Mages : en relief.

47. Un dito, repréfentant la premiere Pâque de l'ancienne loi.

48. Un Saint Bruno en ivoire dans une chapelle à jour, foutenue par fept pilliers & furmontée d'une lanterne d'ivoire; le tout fur une double confole de bois : une partie de la chapelle eft auffi en bois.

49. Une Vierge dans une niche d'ébene ; elle tient le petit Jefus debout fur fon giron, & eft environnée d'anges, dont deux la couronnent, d'autres tiennent les inftrumens de la paffion, & d'autres jouent de divers inftrumens ; au-deffus eft une figure de Dieu le Pere ; le tout eft furmonté d'une lampe éternelle. Toutes ces figures font d'ivoire.

50. Une petite Vierge d'ivoire avec le petit Jefus fur un bras.

51. Bufte double, repréfentant d'un côté Notre-Seigneur, de l'autre fa fainte Mere: en ivoire.

52. La Notre-Dame des Chartreux de Paris fculptée en ivoire, & fur un piédeftal revêtu d'ivoire.

53. Un pot d'ivoire travaillé en relief, repréfentant des deux côtés les trois Grâces. Le couvercle, l'anfe & le fond du pot font d'étain doré ; il porte 5½ pouces de hauteur, & a 11½ pouces de tour.

54. Un grouppe, repréfentant trois enfans, dont l'un eft monté fur une chevre, en ivoire, appliqué fur une confole de bois.

55. Un pot d'ivoire, dont le couvercle, l'anfe & le fond font d'argent ; il eft fculpté en relief, & repréfente deux enfans, dont un monté fur une chevre conduit un char de triomphe, fur lequel d'autres en foutiennent un qui repréfente Bacchus. Il eft haut de 5½ pouces & a 12½ pouces de tour.

56. Une petite coupe à l'antique d'ivoire, dont les dehors repréfentent les trois vertus théologales, les quatre cardinales, & une femme

SCULPTURES ET CISELURES.

tenant un oiseau ; au-dedans sont deux figures en bosse, représentant l'enlevement de Proserpine.

57. Un grand grouppe de trois figures d'ivoire, dont une est un enfant qui tient un poëlon sur le feu ; la seconde, un homme un genou en terre avec une massue de bois dans la main; la troisieme, un autre homme qui paroît s'enfuir & qui représente sensiblement le fameux Gladiateur du Vatican. Ces figures sont sur une terrasse de bois des Indes, & sont drappées de même bois : la plus grande est haute de 15 pouces, la seconde de 10½ pouces.

58. Un petit tableau gothique d'ivoire, représentant différentes figures grotesques ; un autre petit tableau d'ivoire en relief, représentant Arlequin Mezettin jouant du violon, & un Pierrot.

59. Un ovale d'ivoire en relief, représentant Vénus qui dort, & ayant Cupidon près d'elle.

60. Un ovale d'ivoire, contenant le portrait d'une dame, en relief.

61. Un grand pot d'ivoire sculpté en relief, représentant les noces de Pélée & de Thétis, célébrées par une quantité de Tritons & autres Divinités célestes & marines, fait par Michel-Ange Buanorata. Ce pot est doublé & couvert de vermeil ; l'anse & le pied sont de même ; le couvercle est surmonté d'une syrene d'ivoire, sonnant de la trompette-marine. Cette piece est haute de 6 pouces, & en a 16½ de tour ; la figure sur le couvercle, porte 4½ pouces.

62. Une coupe d'ivoire à l'antique, portée par deux Divinités de bout sur un tertre, au-dessous duquel il y a une quantité de poissons marins : les côtés de la coupe représentent des hyppopotames ou chevaux marins, des marsouins, un dauphin, une licorne marine, &c : le couvercle représente intérieurement des serpens marins ; au-dessus est une femme assise sur un dauphin, un genou en terre. La garniture de ce couvercle & de la coupe est en vermeil ; ce morceau est haut de 10½ pouces.

63. Un ovale oblong, d'une pierre de composition, représentant en relief, Cléopâtre se tuant par la morsure d'un aspic.

64. Un ovale d'une pierre de très-belle composition, en blanc, représentant Hercule appuyé sur sa massue, couvert de la peau de lion, & le bras droit sur les reins.

65. Cinq petits médaillons d'ivoire avec bords & anneaux ; ils sont travaillés en bas-relief.

66. Le génie de la prudence & de la santé; figure de bois, haute de 18½ pouces.

67. Deux figures, représentant, l'une Vénus marine, l'autre Apollon, en bois bronzé ; hautes de 15 pouces.

68. Une figure de la Vierge, tenant le petit Jesus, en buis, par Delcour: hauteur 16 pouces.

69. Un gladiateur en bois ; hauteur 11¾ pouces.

70. La Vierge donnant le petit Jesus à S. Joseph, en bois : hauteur 11 pouces.

SCULPTURES ET CISELURES.

71. Un S. Roch, en bois : hauteur 10½ pouces.
72. Deux petites figures, représentant, l'une, un mendiant marchant avec des béquilles ; l'autre, un soldat blessé, en bois doré.
73. Quatre médaillons en bois, en relief, avec cadres noirs, représentant les bustes du Sauveur & de la Vierge, d'un héros & d'une héroïne. Un petit quarré long en bois en relief, représentant l'enfant Jesus assis, portant une croix.
74. Cinq médaillons en bois vernis, représentant *Ecce homo* ; la Vierge douloureuse, un S. Pierre & une Magdelaine ; & une Vierge, tenant l'enfant Jesus.
75. Seize mascarons, dans un cadre.
76. Un bouquet sur bois, travaillé en relief, par Putman ; trente-deux dames à jouer, travaillées en forme de médailles, représentant des figures symboliques, avec leurs devises en latin.
77. Une toilette de bois de Sainte Lucie, sculptée en fleurs & oiseaux, &c. elle consiste en un miroir, deux coffrets, un plus petit, deux boëtes rondes, trois plus petites, une vergette & quatre chandeliers.
78. Un buffet contenant douze tiroirs marquetés & sculptés en bas-relief, représentant des camps, des vues de villes, & des marines, avec plusieurs figures ; au milieu desquels est une niche soutenue par quatre colonnes d'ébene ; dans le fond de laquelle on voit une Vierge tenant le petit Jesus, en bas-relief ; dans chaque côté de cette niche se voient deux Anges en bosse. Les portes de ce buffet offrent intérieurement deux médaillons, dont l'un, entouré de trophées d'armes, représente le comte de Suys, Baron d'Abledla, Chambellan de l'Empereur, Conseiller au Conseil-Suprème de guerre ; l'autre, accompagné des figures de la Foi & de l'Espérance, représente la Comtesse son épouse. Ces deux médaillons sont ornés de leurs armes, & elles sont aussi sculptées sur l'extérieur des portes.
79. Un crucifix d'ivoire, avec le titre & la tête de mort aussi d'ivoire ; il a 16 pouces de haut & est placé dans une caisse de bois avec glaces.
80. Un grand crucifix en buis ; haut de 20 pouces.
81. Un crucifix en buis ; haut de 13½ pouces.
82. Un dito en ivoire ; haut de 12 pouces.
83. Un crucifix en ivoire d'une seule piece, à l'exception de la moitié du bras droit : il a 10¾ pouces de hauteur.
84. Un dito en bronze doré, par Delcour ; haut de 8 pouces.
85. Un crucifix d'ivoire ; haut de 7½ pouces.
86. Un dito ; haut 7½ pouces.
87. Un crucifix de porcelaine, haut de 5 pouces, avec le titre, la tête de mort & les ornemens de la croix en argent.
88. Un crucifix d'ivoire sur velours, dans un cadre doré.

SCULPTURES ET CISELURES.

89. Un petit crucifix de bois sculpté sur la croix, d'une seule piece : le pied & les ornemens de la croix sont d'argent.
90. Un petit crucifix & croix d'argent.
91. Un obélisque, dont le milieu est un médaillon de Louis XV : le bas de cet obélisque, représente la statue de Louis XIV, dans la Place des Victoires; le dessus est terminé par une couronne. Cette piece travaillée en acier damasquiné en or, est dans un cadre de bois doré sous glace.
92. Deux médaillons, représentant S. M. Louis XVI & la Reine.
93. Deux idem.
94. Deux dito, représentant le Comte & la Comtesse d'Artois.
95. Un autre, représentant le buste de feu son Altesse, des Comtes de Velbruck, Evêque-Prince de Liege. Toutes ces pieces sont travaillées avec des ornemens dans le goût de la premiere.
96. Une garde-d'épée d'acier damasquiné en or.
97. Deux bustes, l'un de la Vierge, l'autre de Saint Joseph, en terre cuite argentée; hauteur 16½ pouces.
98. Une Vierge avec l'enfant Jesus, en terre cuite dorée; hauteur 15 pouces.
99. Bacchus portant un enfant, & appuyé sur un tronc chargé de lierre & d'une dépouille de chevreau; de plâtre; hauteur 22 pouces.
100. Marcias attaché à un arbre, avec sa peau à côté; de plâtre; hauteur 21 pouces.
101. Apollon tenant sa lyre; de plâtre; hauteur 23½ pouces.
102. Léda; de plâtre; hauteur 21 pouces.
103. Figure antique, représentant un homme assis avec un petit amour au-dessous de lui; de plâtre; hauteur 17½ pouces.
104. Vénus sortant de la mer; de plâtre; 19½ pouces.
105. Vénus sortant du bain; de plâtre; hauteur 16 pouces.
106. Une dame romaine en toge; de plâtre; hauteur 13 pouces.
107. Deux grouppes d'enfans, dont un porté sur les bras des deux autres; de plâtre.
108. Le petit enfant Jesus Sauveur, en médaillon à demi-bosse, colorié au naturel.
109. Le buste de Charles-Nicolas-Alexandre des Comtes d'Oultremont, Evêque-Prince de Liege.
110. Six petites figures de bois.
111. Un centaure portant un amour en croupe; de plâtre bronzé.
112. Une figure de femme couchée, en terre cuite, peinte en couleurs.

TABLEAUX.

		Hauteur pouc.	Largeur pouc.
1.	La Vierge, Saint Jean, la Magdelaine, & deux Anges, autour du Christ descendu de la croix.	18	14 $\frac{1}{2}$
2.	Un épagneul, par Beeldemaecker.	20	25
3.	Une Magdelaine pénitente, par Franc-Flore.	14 $\frac{1}{4}$	10 $\frac{1}{4}$
4.	Un enfant faisant des boules de savon, de l'école de Rubens.	15 $\frac{1}{2}$	11 $\frac{1}{2}$
5.	Un paysage avec des ruines, & des figures; sur bois; par Momper.	8	12
6.	Une sainte face, par Martin de Vos; sur cuivre.	4	3
7.	Le pendant, une tête de la Vierge, par le même.	4	3
8.	Un paysage, par Brandt de Vienne.	5 $\frac{1}{4}$	6 $\frac{1}{4}$
9.	Pendant, un paysage, par le même.	5 $\frac{1}{4}$	6 $\frac{1}{4}$
10.	Une sainte famille avec des Anges, dont un présente un raisin au petit Jesus, par Beschey; sur bois.	6 $\frac{3}{4}$	5
11.	Le portrait d'une femme illustre, par Vermeere.	26 $\frac{1}{2}$	22
12.	Un christ, par Carlier.	19	16 $\frac{1}{2}$
13.	Un vieillard vénérable, tenant un livre à la main. Ecole d'Italie.	23	17 $\frac{3}{4}$
14.	La Vierge donnant une poire au petit Jesus, des Anges lui apportent une couronne; par H. Van-Balen.	18 $\frac{1}{2}$	13
15.	Le portrait de l'Impératrice Marie-Thérese, par Lenze.	31	25
16.	Une tête de vieillard, par J. Block; sur bois.	16 $\frac{1}{2}$	11 $\frac{1}{2}$
17.	La lune & Endimion, par Heulsman.	16	13
18.	Un oiseau de proie dévorant une perdrix entourée d'autres oiseaux morts, & de deux vanneaux vivans, marqué P. D. C.; sur bois.	21 $\frac{3}{4}$	32 $\frac{1}{2}$
19.	Une sainte famille, par Pietro-Testa, de forme octogone.	13 $\frac{3}{4}$	10 $\frac{1}{2}$
20.	L'intérieur d'une maison hollandoise, de nuit, par Tielen; sur bois.	2 $\frac{3}{4}$	4
21.	Une tête sur bois.	5	3 $\frac{3}{4}$
22.	La manne, par Damery; sur bois.	25	15 $\frac{3}{4}$
23.	L'Ange Gabriël, par Carlo Maratte.	20	16 $\frac{3}{4}$
24.	Un médaillon en grisaille, entouré de fleurs, représentant la Vierge tenant l'enfant Jesus, marqué M. H; sur bois.	21 $\frac{1}{2}$	16
25.	Sainte Catherine épousée par l'enfant Jesus entre les bras de sa sainte Mere, accompagné de S. Joseph, & d'Anges; par Luigi Garzi.	22	26
26.	Le portrait d'un Chevalier d'ordre, en cuirasse & brassards de fer.	26	22
27.	Un paysage, avec des bestiaux, par Cuyp; sur bois.	11 $\frac{1}{2}$	16

	Haut. pouc.	Larg. pouc.
28. Une marine, par Breughel; fur bois.	5 ¾	7 ½
29. Pendant, un payfage; par le même.	5 ¾	7 ¼
30. L'adoration des Mages d'après Rubens, par Franck; fur cuiv.	9 ½	14 ¼
31. Un marais où des chiens pourfuivent un figne, par Abr.		
Hondius; fur bois.	8 ½	11 ½
32. La contemplation du Sauveur defcendu de la croix, fur		
les genoux de fa fainte Mere, avec S. Jean & deux An-		
ges; par Bertholet dit Flemael; fur bois.	8 ½	13
33. Un payfage, par Jean Veouring; fur bois.	15	11 ½
34. Des vaiffeaux fur mer, par Alb. Cuyp; fur bois.	9 ¾	13
35. Une architecture, par Stoklein; fur bois.	7	9
36. Des enfans finges des arts de la mufique, par Herlen.	10	12
37. Pendant, & de la peinture.	10	12
38. Le portrait d'un adolefcent illuftre, tenant un finge occupé	10	12
à manger une poire; de l'école de Rembrandt; fur bois.	19	14
39. Des fruits, par C. Debriers.	9 ½	13 ½
40. Pendant, dito.	9 ½	13 ½
41. Un payfage, par Momper, avec un char & des figures,		
par P. Breughel; fur bois.	12	10 ¾
42. Une vanité, par Sneyers; fur bois.	9	11 ½
43. Une vanité.	9	11 ½
44. Une tête efquife, fur bois.	11	9
45. Le pendant, une tête de negre.	11	9
46. Une vue avec figures, & beftiaux; fur bois.	9 ½	13
47. Un chrift, par Simon de Vos.	11 ½	9
48. Un bufte entouré de fleurs, par Forel.	13 ½	10 ½
49. Pendant, dito.	13 ½	10 ½
50. Le feftin de Balthafar, par Franck; fur bois.	9	12 ½
51. Un payfage, dans lequel on apperçoit S. Chriftophe paffant		
la mer, par Paul Bril; fur bois.	7	9 ¾
52. Un portrait, par Holbeen; fur bois.	15	10 ¼
53. Un dito, par Lucas Crana.	12	9 ½
54. Une guitarre & d'autres inftrumens, par Carlier.	20	27 ¾
55. Une Magdelaine pénitente, par Théodore Van Thulden.	24 ½	19 ½
56. Une réfurrection, de l'école de Rubens; fur bois.	26 ½	19 ½
57. Une Nativité, par le Baffan.	21	28 ½
58. Une vanité, par Renier Van Campen.	35 ½	30
59. Le retour de l'Enfant prodigue: école d'Italie.	33	54
60. Notre-Seigneur en croix, entre les deux larrons, avec		
la Vierge, S. Jean & la Magdelaine, par Sébaftien		
Franck; fur cuivre.	10	7 ¾
61.	25	21
62. Les quatre Évangéliftes, par David, de Rome.	25	21
63.	25	21
64.	25	21

	Haut. pouc	Larg. pouc.
65. Le portrait d'Éléonore de Castille, Reine de France, par Lucas de Leyde; sur bois.	13 ¾	11 ¼
66. Un buste du Sauveur, par Fisen.	16	13
67. Pendant, buste de la Vierge.	16	13
68. Un vase de fleurs, par Rachel Ruisch.	24	20
69. Le Martyr de Saint Lambert, par Fisen.	17 ¼	11 ¼
70. Un portrait de femme célebre, par Van-de-Velde; sur bois.	9 ½	7
71. Un vieillard en pélisse & en manchon, par Brekelinckamp; sur bois.	11	8 ¾
72. Pendant, une vieille remuant des sacs d'argent.	11	8 ¾
73. Le portrait de Scanderbeg, par Rembrandt; sur bois, en oval.	16	11 ¾
74. Le joueur de vielle, accompagné d'un tambour, se présentant devant une maison flamande, par Jean Steen; sur bois, en ovale.	12 ½	10
75. Un paysage, par Roland Savery, avec figures, représentant la conversion de Saint Paul, par Breughel; sur cuivre.	11	16 ¼
76. Vénus & les Amours pleurant Adonis, par Van Veene; sur bois.	16 ½	12 ½
77. Un pâtre avec sa femme, & divers bestiaux, par Van Blœmen.	11	14 ½
78. Pendant, un multier, avec trois mulets chargés; par le même.	11	14 ½
79. Vue hollandoise au bord de la mer, par Van Goyen; sur bois.	11 ¾	17 ½
80. Le pendant, dito, par le même.	11 ¾	17 ½
81. Un vieillard faisant le gâlant, par Tilbourg.	11 ½	9 ½
82. Une tête, par Lucas Crana; sur bois.	8 ¼	9 ½
83. Un marché aux poissons, par Baut & Baudewyns.	6 ¾	7 ¾
84. Un paysan hollandois battant le beure, par Alb. Cuyp; sur bois.	16 ½	12 ¼
85. Des gibiers, par Francesco.	24 ½	32 ¾
86. Le pendant, des fruits, par le même.	24 ½	32 ¾
87. Des jeunes villageois faisant des boules de savon, par Demonte; sur bois.	12 ½	10
88. Une halte à la porte d'une hôtellerie, par Pierre Wouwermans; sur bois.	10	13
89. Un paysage pastoral, par Diuter.	10 ¼	12 ½
90. Le petit Jesus & le petit Saint Jean, par Van Balen; sur cuivre.	5 ¼	7 ¼
91. Une tabagie de différens singes, par David Teniers le pere; sur bois.	8	10 ½
92. La Vierge, le petit Jesus, & le petit Saint Jean, par Van Balen; sur bois.	8 ¼	6 ½

TABLEAUX.

		Haut. pouc.	Larg. pouc.
93.	Le portrait d'un Prince, appuyant la main sur un lion, par Leduc; sur bois.	7 ½	5 ¼
94.	L'enfant Jesus dormant entre les bras de la Vierge, adoré par un Ange; d'après Bertholet.	14 ½	11 ¾
95.	Un portement de la croix, par Franck; sur cuivre.	12	9 ½
96.	Le déjeûné hollandois, par Breinkelin-Kamp; sur bois.	17	12
97.	Saint Bernard l'hostie à la main conjurant S. Guillaume, Duc d'Aquitaine, par Fisen; sur cuivre.	10 ½	7 ¾
98.	Une tête esquise, sur bois.	11 ½	7 ¾
99.		11 ¾	9
100.		11 ¾	9
101.	Les cinq sens, d'après Tilbourg.	11 ¾	9
102.		11 ¾	9
103.		11 ¾	9
104.	La Vierge avec le petit Jesus, par Guercino; sur cuivre.	10	7 ½
105.	Un paysage qui représente une grotte, & deux hermites; par David Teniers; sur bois.	8 ½	11 ½
106.	Un départ de chasse au faucon, par Bredael.	9 ½	11 ½
107.	L'adoration des bergers, marqué AC. en chiffre; sur bois.	18	14 ½
108.	La Vierge dans un nuage, entourée d'Anges, par Pœlenburg; sur bois.	9	7 ¾
109.	L'uroscope, ou le charlatan examinant une fiole d'urine, par Craesbeck; sur bois.	10 ½	8 ¼
110.	Roger Bontemps, admiré par une compagnie à table, par Jean Molenaer; sur bois.	14 ½	11 ½
111.	La mort moissonnant indifféremment tous les âges, & toutes les professions, par G. de Witte; sur bois.	11	14 ½
112.	Une vue de mer, par G. Vandevelde; sur bois.	8 ½	12 ¼
113.	L'adoration des bergers, par Carlomaratte; sur cuivre, en ovale.	9 ¾	7 ¼
114.	Un paysan flamand portant la santé de sa maîtresse qui fume, par C. Bega; sur bois.	12	9
115.	Un homme donnant à manger à un étalon blanc, par Cuyp; sur bois.	11	13 ¼
116.	Tête d'un Dominicain, que l'on croit le Confesseur de Rubens, par Jordaens; sur bois.	14	11
117.	Une Vierge endormant l'enfant Jesus, par Carlomaratte; en rond.	14	11
118.	Une vue de la Suisse, par Alberti; sur bois.	8	10 ½
119.	Le pendant, dito.	8	10 ½
120.	Une tabagie flamande, par Adrien Brower; sur bois.	10	8 ¾
121.	Une femme croquant ses puces, par G. Lairesse.	12	10 ¼
122.	Un negre caressant une bergere.	13 ½	10 ½

		Haut. *pouc*	Larg. *pouc.*
123.	Buste du Sauveur, par Damery; sur bois; forme octogone.	7 3/4	7 3/4
124.	Le pendant, buste de la Vierge.	7 3/4	7 3/4
125.	Un rocher percé, avec figures, par Momper.	13 1/2	20
126.	Un incendie, par Vanheil; sur bois.	8 1/2	12 3/4
127.	Des fleurs & fruits, par Mignon.	17 1/2	13 3/4
128.	L'Assomption, par Franck; sur cuivre.	6	5 1/4
129.	Une sainte famille, par Franck; sur cuivre.	7 3/4	6 1/4
130.	Une tête de vieillard; sur bois.	9 3/4	7 1/4
131.	Une vieille comptant ses especes; sur bois.	7 1/2	6
132.	La Résurrection, par Franck; sur cuivre.	5 1/2	4
133.	Notre Seigneur guérissant l'hémorrhoïsse; sur bois.	3 1/2	4 1/4
134.	L'enfant Jesus, & le petit S. Jean, par Van Balen; sur cuivre.	4 1/2	5 1/2
135.	Un paysage, par Bredael; sur bois.	4 1/4	5 1/4
136.	Le pendant, dito.	4 1/4	5 1/4
137.	Une tête de vieillard.	7	5 1/4
138.	Des fumeurs flamands, par Heemskerke; sur bois.	5 3/4	5 1/4
139.	Le pendant, dito.	5 3/4	5 1/4
140.	S. Pierre délivré par l'Ange, par Adam Elsheismer; sur bois.	5 1/2	6 3/4
141.	L'enfant Jesus sur le globe du monde, par Van Balen, entouré de fleurs par Breughel; sur marbre blanc, de forme octogone.	8 1/2	6 1/2
142.	Henri IV, sur marbre blanc, par Franck.	7 1/2	5 1/2
143.	Le pendant, Marie de Médicis.	7 1/2	5 1/2
144.	Un hiver, par Breughel d'Enfer; sur bois.	5	5
145.	Saint François de Paule au désert, par Breincklinckam; sur bois.	8 1/2	6 1/4
146.	Contemplation du Christ, descendu de la croix, par Fisen; sur cuivre.	9 1/2	7 1/2
147.	Un rocher percé avec cascade, par Brandt de Vienne; sur bois.	4 1/4	4
148.	Le pendant, une ruine.	4 1/4	4
149.	Une Magdelaine s'arrachant un collier de perles, par Simon de Vos; sur cuivre.	3 3/4	2 1/2
150.	Une Vierge, par Van Balen; sur cuivre.	3 1/2	2 1/2
	Portraits des Evêques-Princes de Liege, qui suivent:		
151.	Erard de la Marck.	8 1/4	6 1/4
152.	George d'Autriche.	8 1/4	6 1/4
153.	Robert de Berges.	8 1/4	6 1/4
154.	Gérard de Groesbeck.	8 1/4	6 1/4
155	Ernest } de Baviere.	8 1/4	6 1/4
156.	Ferdinand } de Baviere.	8 1/4	6 1/4
157.	Maximilien-Henri } de Baviere.	8 1/4	6 1/4
	peints par Bertholet & d'Ouffet; en ovale.		

	Haut. pouc	Larg. pouc.
158. Une ſainte famille & St Jean, entourés de fleurs, par Simon Devos ; ſur bois.	$27\frac{1}{2}$	$21\frac{1}{2}$
159. Une Vierge tenant l'enfant Jeſus, par Vandyck ; entourée de fleurs, par Breughel de Velours ; ſur bois.	$35\frac{1}{4}$	$24\frac{3}{4}$
160. Un Chriſt, par Carlier.	$22\frac{3}{4}$	16
161. Une Vierge tenant l'enfant Jeſus, & deux pélerins à genoux devant elle, par le Baſſan.	67	$41\frac{1}{2}$
162. L'intérieur d'une chaumiere flamande, par C. Zachtleven ; ſur bois.	$20\frac{1}{2}$	$30\frac{1}{2}$
163. Le ſacrifice d'Abraham.	$32\frac{1}{2}$	22
164. Les pélerins d'Emmaüs, par Petrucci.	$47\frac{1}{4}$	63
165. Un marché, par Moucheron.	$21\frac{1}{2}$	27
166. Neptune traverſant la mer, accompagné de ſes déeſſes ; ſur bois.	20	$27\frac{1}{2}$
167. Un hermite, par Breinkelinkamp ; ſur bois.	$20\frac{3}{4}$	$15\frac{1}{2}$
168. Une marine, par le Sourd de Campen ; ſur bois.	$19\frac{3}{4}$	$26\frac{1}{4}$
169. Le martyre de Saint Barthélemi, par Fiſen.	$41\frac{1}{2}$	$21\frac{1}{2}$
170. Portrait d'un jeune homme ; ſur bois.	$14\frac{1}{4}$	$10\frac{1}{2}$
171. Une ſainte famille, ſur bois.	$10\frac{1}{2}$	$9\frac{1}{2}$
172. Un vaſe avec des fleurs, par Daniel Seghers ; ſur bois.	$27\frac{1}{2}$	$17\frac{3}{4}$
173. Un Chriſt, par Laireſſe.	$40\frac{1}{2}$	$30\frac{1}{2}$
174. Le portrait de l'Amiral Tromp, par Jordaens.	32	$24\frac{3}{4}$
175. Le pendant, celui de ſon épouſe.	32	$24\frac{3}{4}$
176. Un camp, par Pierre Wouwermans ; ſur bois.	18	$22\frac{1}{2}$
177. Saint Michel foudroyant les Anges rebelles, par Bertholet dit Flemaël.	$24\frac{1}{2}$	$13\frac{3}{4}$
178. Des fruits, par C. Dehéem.	$22\frac{3}{4}$	$18\frac{1}{4}$
179. Le pendant, dito.	$22\frac{3}{4}$	$18\frac{1}{4}$
180. Vénus trouvant Adonis endormi.	$13\frac{1}{4}$	16
181. Un Chriſt, par Lambrecht.	$13\frac{1}{4}$	$9\frac{1}{4}$
182. Des pêches & des raiſins, par Roetz ; ſur bois.	$16\frac{3}{4}$	$22\frac{3}{4}$
183. Une tête de vieillard, par l'Eſpagnolet ; ſur bois.	$23\frac{1}{2}$	$20\frac{1}{2}$
184. Des gibiers tués à la chaſſe, par Hamilton.	$17\frac{1}{2}$	23
185. Le pendant, dito.	$17\frac{1}{2}$	23
186. Saint Jerôme, ſur bois.	$21\frac{3}{4}$	$16\frac{1}{2}$
187. Des attributs de chaſſe, par Leemans ; ſur bois.	$15\frac{1}{2}$	21
188. Un vaſe de fleurs, par G. Goſwin.	$47\frac{1}{2}$	32
189. Une danſe de petits enfans, par Verwilt.	10	$16\frac{1}{4}$
190. Un vaſe de fleurs, par Verbruggen.	$15\frac{1}{2}$	11
191. Le pendant, dito.	$15\frac{1}{2}$	11
192. Un portrait d'homme, par d'Ouffet ; ſur bois.	14	$11\frac{1}{2}$
193. Le pendant, portrait de femme.	14	$11\frac{1}{2}$
194 Une femme & un enfant ſe chauffant ; ſur bois.	$7\frac{1}{2}$	$5\frac{3}{4}$
195 Un déjeûné, par Kalf ; ſur bois.	$8\frac{3}{4}$	$7\frac{1}{2}$

		Haut. pouc.	Larg. pouc.
196.	Un hermite, par Breinkelinkamp.	10	7 ¾
197.	Une marine, par Bakhuifen; fur bois.	5	7 ¾
198.	Un payfage, par J. V. Oeftenfeldt; fur bois.	11 ¼	12 ¼
199.	Le pendant, dito.	11 ¼	12 ¼
200.	L'Annonciation, par Fifen; fur bois.	10 ¾	7 ¾
201.	Une Magdelaine pénitente, par Avoni; fur bois.	6 ¾	4 ¾
202.	La réfurrection du Lazare, par le Baffan.	31	22 ¼
203.	Un payfage, par Boudewyns; fur bois.	6 ½	8 ¾
204.	Un payfage, avec beftiaux, par Pierre Delaar; fur bois.	23 ½	20
205.	La Réfurrection, par J. Cuyp; fur bois.	31	23 ½
206.	Un vafe avec des fleurs, par J. P. Breughel.	33	26 ½
207.	Le pendant, dito.	33	26 ½
208.	Le portrait d'un eccléfiaftique, par d'Ouffet.	34 ½	18
209.	Le martyre de Saint Mathias, par le Tintoret.	30 ½	13 ½
210.	Le martyre de Sainte Catherine, par Luigi Garci.	50	31
211.	La réfurrection du Lazare, par Loretti.	39	27
212.	L'Affomption, par Fifen.	56 ½	37
213.	Des fruits, par Campidoglio.	20	24 ½
214.	Le pendant, dito.	20	24 ½
215.	Une Magdelaine, par Franc-Flore; fur bois.	23 ½	16 ½
216.	Saint Bruno, par Damery.	18 ½	13
217.	La Vierge adorant fon fils; de l'école de Rubens; fur bois.	18 ½	15
218.	Une femme repréfentant l'Hiftoire, par Élliger.	14 ½	13
219.	Le pendant, dito, repréfentant la vanité.	14 ¾	13
220.	L'exaltation de la croix, en grifaille; fur bois; par Damery.	24 ¼	15 ¼
221.	La multiplication des pains, par G. Seghers.	13 ¼	19 ¾
222.	Un rocher, par Momper.	19	16 ½
223.	Une architecture, avec des figures, par Verfchuuring.	22	17 ¼
224.	Job fuppofé tourmenté par les démons, par Breughel d'Enfer; fur bois.	13 ½	19
225.	Une fête de village, par J. Vandervecht.	9 ½	13
226.	Le pendant, dito.	9 ½	13
227.	Le petit Saint Jean, par Cirofer.	32 ½	45
228.	Diogene vifité par Alexandre, par David de Rome.	32 ½	45
229.	Le jardin des Olives, par Damery.	22 ¾	18 ½
230.	La fuite d'Elie, par Tempeftino.	24	32 ½
231.	Pendant, le buiffon ardent, par Luigi Garci.	24	32 ½
232.	Un payfage, repréfentant le retour du jeune Tobie, par Jupin.	42	68
233.		21	17 ½
234.	Quatre figures à mi-corps, repréfentant les quatre faifons; fur bois.	21	17 ½
235.		21	17 ½
236.		21	17 ½

TABLEAUX.

	Haut. pouc.	Larg. pouc.
237. Une allégorie, représentant la paix, l'abondance, & l'amour, par Damery.	37	61
238. Un paysage, par Baut & Boudewyns.	19¼	15¾
239. Pendant, dito.	19½	15¾
240. Achille reconnu par les femmes, par D. Maes.	45¼	66¼
241. L'apparition du Sauveur à S. Thomas; école de Rubens.	53	43
242. Le portrait du Pape Innocent XI.	45½	32¾
243. Sainte Catherine épousée par l'enfant Jesus, entre les bras de sa sainte Mere.	51	33¾
244. Les filles de Lot; école d'Italie.	45½	27¼
245. La contemplation du Sauveur, descendu de la croix; d'après Le Guide.	35½	53½
246. Le portrait d'un Cardinal.	24½	20
247. Les noces de Sara avec le jeune Tobie, par Franck; sur bois.	22	35
248. Le sacrifice d'Iphigénie, par Fisen.	26	21¼
249. L'Ange donnant à David le choix d'un des trois fléaux, par Sandeberg.	34	22¼
250. Un paysage, vue d'Italie.	16¾	21¾
251. Pendant, dito.	16¾	21¾
252. Vénus & l'Amour.	14½	11¾
253. Une architecture.	16	12
254. Une guirlande de fleurs, par Morel.	16¾	19½
255. Le pendant, dito.	16¾	19½
256. La Vierge montrant le petit Jesus à Saint Jean.	25	20¾
257. L'Annonciation; école d'Italie.	15½	12
258. Une bataille, par Bredael; sur bois.	10	12¾
259. Le pendant, dito.	10	12¾
260. Une tabagie flamande, par de Bricci; sur bois.	6¼	8¼
261. Un paysage, par Momper; sur bois.	8	10¾
262. Le pendant, dito.	8	10¾
263. Une faiseuse de dentelles dans sa chambre, marchandant un coq, d'après Mieris; sur bois.	10½	8½
264. Saint Antoine de Padoue, tenant l'Enfant Jesus; d'après Carrache.	27	23
265. Saint Jerôme, sur bois.	25	18
266. Un paysage, avec une quantité de figures, par Miron.	11¾	17¾
267. Une tentation de Saint Antoine, d'après Teniers.	26	31¾
268. Une corbeille de fleurs, par Morel; sur bois.	25	16
269. Le pendant, dito.	25	16
270. Un ancien anachorette, par l'Espagnolet.	25	21½
271. Un paysage, vue d'Italie.	20	27¾
272. De la vaisselle, avec des coquillages, par Devette.	32	22½
273. L'intérieur d'une ferme, avec figur. & animaux, par Knolp.	16	18

	Haut. pouc.	Larg. pouc.
274. Agar consolée par un Ange, par Merian ; sur cuivre.	7¾	11
275. Une foire, par Franck.	12	15
276. Le Seigneur chassant les vendeurs du Temple, par Van Orley.	11	13½
277. Le pendant, représentant la guérison du paralytique.	11	13½
278. Une bataille, par Duvivier.	9½	13
279. Le pendant, dito.	9½	13
280. La chasteté de Suzane, par Christophe Schwartz ; sur bois.	27½	38
281. Une tête de S. Paul, par l'Espagnolet.	21	16½
282. Une tabagie flamande.	11½	8¼
283. Le pendant, dito.	11½	8¼
284. Des gibiers morts, par Biltius.	11½	9¼
285. Le pendant dito, par Smitsens.	11½	9¼
286. Un paysage avec figures & animaux, par Van Bloemen ; sur bois.	10	11¾
287. Un paysage avec figures & animaux, par Aubé ; sur bois.	12¾	16¼
288. Un paysage, par Jupin.	16¾	20
289. L'adoration des Mages, par Delcloche ; en forme ovale oblong.	28¼	39
290. Une escarmouche, par Peeters ; sur bois.	9¾	12¾
291. Le pendant, dito.	9¾	12¾
292. Un marché, par Pierre Bredael.	49	66¾
293. L'explication du songe de Pharaon par Joseph, par Alberti.	24¼	33
294. Le pendant, triomphe de Joseph.	24¼	33
295. Le berger Bastien.	18	16¼
296. Le pendant, la Bergere Bastienne.	18	16¼
297. Des joueurs aux cartes, par Lenine ; sur bois.	21¾	25¾
298. Bacchus & un Faune, d'après Jordaens.	22½	25¾
299. Un paysage, par Van Oosten ; sur bois.	9	12½
300. Le pendant, dito.	9	12½
301. Un paysage, par Baut & Boudewyns.	15¾	13½
302. Un enfant considérant une tête de mort.	15½	11¾
303. Bethsabée, d'après Lairesse.	11	13½
304. Portrait que l'on croit de Charles II, Roi d'Angleterre, par Leermans.	17½	15
305. Le pendant, celui de la Reine son épouse.	17½	15
306. Un musicien tenant un violon, & battant la mesure, par Honthorst.	32½	24
307. Une femme tirant de l'eau au puits, dans une masure ; par de Bie ; sur bois.	11½	8
308. Des fruits, & de la vaisselle, par Kalf ; sur bois.	14½	11

	Haut. pouc.	Larg. pouc.
309. Un paysage, par Franc. Mellier.	12½	16½
310. Le pendant, dito.	12½	16½
311. Ste Catherine de Sienne careſſant le petit Jeſus, entre les bras de la Vierge ; ſur bois.	12½	9½
312. Moyſe retiré des eaux, par la fille de Pharaon ; par Fiſen.	34½	45
313. Portrait d'une femme Vénitienne, par Piazetta.	24	17
314. Le pendant, dito.	24	17
315. Une marine, par Van de Veldt ; ſur bois.	17¾	28
316. Un portrait de vieille femme, allégorie, par Jordaens.	26¼	22
317. La converſion de Saint Paul, eſquiſſe de Bertholet dit Flemael.	19½	11¼
318. Un ſaint mourant, eſquiſſe italienne.	14	11¼
319. Un port de mer, par Foret ; ſur bois.	13	18¾
320. Un payſage avec figures & chevaux, par B. Vangaelen.	20¼	28½
321. Portrait de J. de Lacour, ſculpteur, par ſon frere.	32¼	24¾
322. Des poiſſons, par Alex. Adriaenſſens ; ſur bois.	12	18½
323. Un ſacrifice, par Fiſen, forme ovale.	27½	21
324. Le ſacrifice de Noë, au ſortir de l'arche.	33	45
325. Sainte Catherine épouſant le petit Jeſus, par Rotenhamer ; ſur bois.	14	9½
326. La Vierge, Reine du Ciel.	16½	14
327. Des oiſeaux morts, par Biltius.	13	13¾
328. Une tête de vieillard ; de l'école de Rembrand ; ſur bois.	6¼	4¼
329. Une halte de cavaliers, par Paroceles ; eſquiſſe.	5½	7½
330. Un payſage, par J. Van Oſtade ; ſur bois.	8	10½
331. Un payſage, par Brandt de Vienne ; ſur bois.	4	4½
332. Le pendant, dito.	4	4¼
333. Un portrait ; ſur bois.	6½	5
334. Un joueur de vielle, par C. Molenaer ; ſur bois.	8½	7
335. Le marchand de mort aux rats, par Bredael.	15½	12½
336. Des ruines d'Italie, par Gaſpar Pouſſin.	15	12¾
337. Le pendant, dito.	15	12¾
338. Une querelle de payſans, par Bredael.	11½	15
339. Un port de mer, par Pierre Caſtel.	9½	13¾
340. Le pendant, dito.	9½	13¾
341. Un payſage, par Abshoven ; ſur bois.	9	8¾
342. Le portrait de Rembrand, par Govaert Flinck.	10	8
343. Pendant, portrait de ſa mere.	10	8
344. L'enlevement de Proſerpine, par Damery.	29	21½
345. Un payſage, par Koemens.	22½	27½
346. Un enfant tenant des pigeons, par Paſqualino de Roſſi ; ſur bois.	14½	11½
347. Un buveur flamand, par Jean Steen ; ſur bois.	6½	5¼

	Haut. pouc	Larg. pouc
348. L'intérieur d'une chaumiere flamande, avec figures, par D. Teniers; fur bois.	7	9
349. Le pendant, dito.	7	9
350. Un payfage, par Beemel; fur bois.	7	10 1/2
351. Le pendant, dito.	7	10 1/2
352. Saint Roch dans un bois, guéri de la pefte par un ange; par Bertholet dit Flemael.	21	31
353. Un maître d'école.	15	11 1/2
354. Le pendant, une maîtreffe d'école.	15 1/2	11 1/2
355. L'hiver, par Vernier.	14	19 1/2
356. Le pendant, l'été.	14	19 1/2
357. Un vafe de fleurs, par C. Coclers.	27 1/2	21 1/2
358. Le pendant, dito.	27 1/2	21 1/2
359. Un payfage, par Salvator Rofe.	16 1/2	22
360. Le pendant, dito.	16 1/2	22
361. Des fruits & poiffons, par Vanfoeft; fur bois.	16 1/2	22 1/2
362. Le pendant, dito.	16 1/2	22 1/2
363. Une marine, par Vanfoeft.	15	16 1/2
364. Des fleurs & des fruits, par Verbruggen.	15 1/2	20
365. Des nageurs, par Coffiau.	6 1/2	11 1/2
366. Le pendant, des pêcheurs.	6 1/2	11 1/2
367. L'amour dans les filets, allégorie, par Cafinoni.	47 1/2	64 1/2
368. Grouppe d'enfans, jouant avec un mouton & du fruit; de l'école de Rubens.	32 1/2	41
369. Des poiffons & légumes, par Kalf.	29	44
370. Un bufte de femme, par Schotten.	17 3/4	13 1/2
371. Des poiffons & oifeaux, par Adriaenffens; fur bois.	8	11
372. Une tête de bœuf, de groffeur naturelle; par P. Potter.	24 1/2	19
373. Un incendie, par Vanheil; fur bois.	8 1/2	12
374. Un payfage, par Momper, avec figures, par D. Teniers pere; fur cuivre.	15 3/4	24 1/4
375. Romulus tuant Remus, à la vue de l'armée Romaine, par Bourguignon.	16	21 1/2
376. Le pendant, combat fingulier, avec beaucoup de figures dans le fond.	16	21 1/4
377. Un vafe de fleurs, par Mariofiori.	25	20 1/2
378. Un payfage orné de figures, par Breughel de Velours; fur bois.	14 1/2	23 3/4
379. Un payfage, dans lequel on voit une halte de chaffe au faucon; par G. Dewitte.	16	22 3/4
380. Un payfage orné de voiture, figures & chevaux; par Phil. Wouwermans.	15 1/2	21
381. Un pâtre affis contemplant fes beftiaux, par Clomp	11	14 1/2
382. L'entrée dans l'arche, par Gilis Hondekoeter; fur cuivre.	16 1/2	22 3/4

		Haut. pouc.	Larg. pouc.
383.	Une noce flamande, avec figures nombreuses vues en plein; par Pierre Breughel; sur bois.	13 3/4	18 3/4
384.	La résurrection du Lazare, par Albert Cuyp; sur bois.	26 3/4	42
385.	Du gibier mort, gardé par deux chiens; par Feyt.	29 1/4	41
386.	Le Christ descendu de la croix, tenu par la Vierge, & adoré par S. Jean; d'après Van Dyck.	30	39
387.	Une chasse au cerf, par F. V. Bréda, d'après Wouwermans.	12 1/4	15 1/4
388.	Le pendant, une chasse au faucon.	12 1/4	15 1/4
389.	L'adoration des Mages, par Franck, d'après Rubens; sur cuivre.	22	16 1/2
390.	La contemplation du Christ descendu de la croix par la Vierge, les trois Maries & trois Apôtres; par Fisen.	23 1/2	15 1/2
391.	Le portrait de l'Archiduc Albert, par Van Dyck; sur bois.	21	16
392.	Pendant, portrait de l'Infante Isabelle.	21	16
393.	L'hiver, par Pierre Breughel; sur bois.	6 1/2	8 1/2
394.	Un portrait d'homme.	12 3/4	10
395.	Le petit Jesus & le petit Saint Jean, badinant avec l'agneau; de l'école de Rubens.	19	20 1/2
396.	Un portrait d'homme du 16e siecle; sur bois.	11	8
397.	Un portrait de femme, par Burgo; sur bois.	7 1/2	5 1/2
398.	Saint Pierre pleurant son péché, par l'Espagnolet.	25	20 1/8
399.	Une bataille, par Leblond.	21	18
400.	Narcisse se mirant, par Gérard Lairesse.	20	26
401.	Le martyre de S. Laurent, par Daniel de Volterre.	45	31 1/4
402.	Des vases en argent, & des fruits par Kalf; sur bois.	19 1/2	25 3/4
403.	Un cabaret de village, avec des buveurs autour d'une table à la porte; par J. Van Ostade; sur bois.	6 1/2	8 3/4
404.	Une tête d'homme, par Deusen; sur bois.	5 1/2	4
405.	Pendant, tête de femme.	5 1/2	4
406.	Une coupe de vin, un citron & un couteau; marqué S. L.	13 1/4	10 1/4
407.	Un paysage où l'on voit un moulin, des figures, & deux mulets; par Pynacker; sur bois.	13 1/2	10 1/2
408.	Un paysage orné d'une charette, avec figures & bestiaux; par Breughel; sur bois.	13	9 1/2
409.	Un vase de fleurs, avec des chenilles & des papillons; par Breughel de Velours; sur bois.	13	10 3/4
410.	Un paysan portant une ligne à pêcher, & des herbes à la main; par D. Teniers; sur bois.	7 3/4	4
411.	Le pendant, un paysan se reposant, après avoir conduit sa brouette.	7 3/4	4
412.	Une figure grotesque, par D. Teniers; sur bois.	5 1/4	3 3/4

TABLEAUX.

	Haut. pouc.	Larg. pouc.
413. Une cuisine flamande, avec des buveurs, par D. Teniers; sur cuivre.	4¾	3½
414. Minerve avec les Muses, par G. Lairesse; sur bois.	25½	31
415. Des buveurs flamands, par Abraham Teniers; sur bois.	11½	8
416. Une tête de femme rêveuse, par Léonard Bramer; sur bois.	8½	6½
417. Le petit Saint Jean au désert, par Carlo Maratte.	24½	33
418. Un corps de garde, par Albert Cuyp; sur bois.	17	22
419. Une bataille, par H. Carré; sur cuivre.	17	29½
420. Le pendant, dito.	17	29½
421. Un paysage, par Lucas Van Uden; sur bois.	7½	9½
422. L'apparition du Seigneur à sa sainte Mere, par Douflet.	19½	13¾
423. Diane dormant dans un bois, entourée de ses nymphes, par Eglon Van der Néer; sur bois.	21½	17½
424. Un paysage avec rochers, par H. Boel; sur bois.	15½	23½
425. Une table couverte de différentes especes d'écrévisses, de fruits & de fleurs; par Verendael.	18	21
426. Un paysage par Breughel, avec figures, par Van Balen; sur bois.	18	21
427. Le sacrifice d'Iphigénie, par Honbracken.	16	20
428. Une bataille, par Vandermeelen; sur bois.	4¾	5⅞
429. Le pendant, dito.	4¾	5⅞
430. Un clair de lune avec un troupeau conduit par des pâtres, par Vanderpool.	4¼	5¼
431. Le pendant, un lever du soleil, idem.	4¼	5¼
432. Un portrait, par Rubens; sur cuivre; de forme ovale.	2¾	2¼
433. Un portrait, par Mireveldt; sur argent; de forme ovale.	2½	2½
434. Le buste de Néron, d'après un médaillon du tems; par Rubens; sur bois.	26½	21
435. Une bachanale, par Bertholet dit Flemael.	20½	19
436. Un buste d'homme, par Ghysbrechts.	23½	18½
437. Une fête flamande, par Droogsloots; sur bois.	16½	23¼
438. Un charlatan, par Bakuisen; sur bois.	20	15
439. Un Faune à côté d'une femme, & tenant une corbeille de fruits, par Jordaens; d'après Rubens.	31¼	24½
440. Notre Seigneur en croix entre les larrons, avec une grande quantité de figures, par Franck; sur bois.	24	18
441. La folie se raillant de la philosophie, par Jordaens.	31¾	25
442. Le portrait d'un ciseleur à demi-corps, par Potckuys.	28	22
443. Une sainte famille, par Rubens; sur bois.	28	20¾
444. Le buste d'un Espagnol, par Honthorst.	25½	20½
445. Des fruits, avec une couleuvre, un lézard & des insectes, par Jean David de Heem.	14	17

	Haut pouc	Larg. pouc.
446. Un paysage, avec un paon, un cygne, d'autres volailles, & un priape; par Bisschop.	21	25
447. Un vase de fleurs, par C. de Heem.	15 $\frac{1}{2}$	12 $\frac{1}{4}$
448. Une tabagie flamande, où quelques buveurs se divertissent; par David Ryckaert; sur bois.	16 $\frac{1}{2}$	21 $\frac{1}{2}$
449. L'intérieur de la Cathédrale d'Anvers, par Pierre Néefs, avec figures par Franck; sur bois.	14 $\frac{1}{2}$	21 $\frac{1}{2}$
450. Vue de Rome du côté du Vatican, par Vanheil; sur bois.	14	24
451. La vue, représentée par un astronome vêtu en paysan, appliquant le compas sur un globe céleste; un matelot, le regarde faire, les bésicles sur le nez.	7	6
452. L'ouïe, représentée par une paysanne jouant de la flûte à bec, tandis que son mari chante, le papier en main.	7	6
453. Le goût, représenté par une paysanne tenant une coupe de verre en main, & un homme avec une cruche prêt à lui verser.	7	6
454. L'odorat, représenté par une paysanne ayant sur son giron un panier rempli de fleurs; derriere elle est un homme dont l'attitude marque qu'il en sent la bonne odeur.	7	6
455. Le toucher, représenté par un paysan tenant de la droite un perroquet qui l'a fait saigner, & une paysanne les bras croisés qui sourit de son infortune; par Tilbourg, comme les 4 précédens.	7	6
456. Une tête de vieillard, par Bramer; de forme ronde.	5	5
457. Hérodiade apportant la tête de Saint Jean dans un bassin, par Leduc; en rond.	4 $\frac{1}{2}$	4 $\frac{1}{2}$
458. Saint Jérôme au désert, par Lucas Van Leyden; sur cuivre.	5 $\frac{1}{4}$	4
459. Un paysage avec bestiaux, par Van Bloemen; sur cuivre; de forme ovale.	3 $\frac{3}{4}$	4 $\frac{1}{4}$
460. Le pendant, dito.	3 $\frac{3}{4}$	4 $\frac{1}{4}$
461. Saint Bernard, par Deslins; sur cuivre.	3 $\frac{3}{4}$	2 $\frac{3}{4}$
462. Un rocher percé, par Zachtleven; sur bois.	3 $\frac{1}{2}$	4
463. Pendant, dito.	3 $\frac{1}{2}$	4
464. Pendant, dito.	3 $\frac{1}{2}$	4
465. La sortie de l'arche, par Louis B. de Hondt.	13 $\frac{3}{4}$	19 $\frac{1}{2}$
466. Une Vierge tenant le petit Jesus, par le Guide.	14	17 $\frac{3}{4}$
467. Une mer, où l'on voit plusieurs syrenes, par Van Acken; sur bois.	15 $\frac{3}{4}$	21 $\frac{1}{4}$
468. Une Vierge tenant l'enfant Jesus, par Carlomaratte.	14 $\frac{1}{4}$	11 $\frac{1}{2}$
469. L'instruction de jeunes garçons d'après Annibal Carrache; sur bois.	6 $\frac{1}{2}$	10 $\frac{1}{4}$
470. Le pendant, instruction de jeunes filles.	6 $\frac{1}{2}$	10 $\frac{1}{4}$
471. Saint Christophe, par Jordaens; sur bois.	15 $\frac{1}{4}$	10 $\frac{3}{4}$

		Haut. pouc.	Larg. pouc.
472.	Un rocher percé, solitude d'un hermite, par D. Teniers; sur bois.	12 ¼	10
473.	Un paysage, par Lucas Van Uden; sur bois.	8 ¾	11 ¾
474.	Le pendant, dito.	8 ¾	11 ¾
475.	Le Prince Frédéric-Henri de Nassau à cheval, par Mireveldt; sur bois.	12 ½	10 ½
476.	Le pendant, le Prince Maurice son frere, à cheval.	12 ½	10 ½
477.	Un abordage de village, par Breughel de Velours; de forme ronde.	5 ¾	5 ¾
478.	Le pendant, un bois, avec figures.	5 ¾	5 ¾
479.	Un paysage hollandois, avec des figures, des chars, & des chevaux; par Breughel de Velours; sur cuivre.	6	9 ¾
480.	Un hameau flamand, avec figures, par David Teniers; sur bois.	7 ½	6
481.	Le pendant, dito.	7 ½	6
482.	Un paysage hollandois, traversé par un canal où abordent des gens qui vont à la fête; par Winkenboom; sur cuivre.	9	13
483.	Le pendant, représentant la fête.	9	13
484.	La Vierge allaitant le petit Jesus, ayant près d'elle Ste Anne & le petit S. Jean; à côté, S. Joseph travaillant, & une quantité d'anges.	8	10 ½
485.	Le portrait d'un vieillard en pélisse, par Zorg; sur bois.	8 ½	6 ¾
486.	Le pendant, portrait d'une femme.	8 ½	6 ¾
487.	Un paysage orné d'une figure de Pomone, avec un enfant, portant un panier de fleurs; par Kessel; sur cuivre.	5 ½	7 ¼
488.	Le pendant, un paysage aquatique, jonché de poissons & de coquilles, avec une Nayade versant son urne.	5 ½	7 ¼
489.	La Vierge sur un nuage entourée d'anges, par Pœlenburg; sur bois.	10	7 ¾
490.	L'intérieur d'une maison hollandoise, où une paysanne coupe le pain à ses enfans, par Backer; sur bois.	13	11
491.	Un paysage orné de figures & de chevaux; par Philippe Wouwermans; sur bois.	12	11
492.	Un pâturage avec figures, par Jean Miel; sur bois.	15	17 ¾
493.	L'intérieur d'une maison, avec une étable, où sont des bêtes à cornes; par Abraham Teniers; sur bois.	16 ½	21 ½
494.	Un paysage avec des ruines, par Thomas Wyck; sur bois.	15 ½	18 ¼
495.	Bacchus accompagné de Bacchantes & de Faunes, dans un paysage; par Van Balen; sur bois.	19	25
496.	Deux cavaliers se battant au pistolet; on voit une armée dans le lointain; par Vandermeelen; sur bois.	18	23

TABLEAUX.

	Haut. pouc.	Larg. pouc.
497. La Vierge tenant l'enfant Jesus debout, par Rubens.	34 1/2	21 3/4
498. Un vase de fleurs, par Rachel Ruisch; sur bois.	21	17
499. Un jeune berger tenant un nid d'oiseaux, par Breinkelinkamp; sur bois.	14 1/2	11 1/2
500. Le buste d'une femme, par Deret.	12 3/4	10
501. Une tête de jeune-homme; esquisse italienne.	14 1/4	12
502. Une Vierge tenant l'enfant Jesus, par Rubens; sur bois.	21 1/4	16 1/4
503. L'intérieur d'une maison hollandoise, où l'on apperçoit un homme & une femme à table dormant, & surpris par un troisieme; par Corn. Bega; sur bois.	7 3/4	10
504. Le portrait de Van Dyck, par Devos; sur bois.	8	6 1/2
505. Une tête de vieillard, par Van Ostade; sur bois.	8 1/2	6 1/4
506. Une allégorie satyrique, par Henri Van Balen; sur bois.	10	14
507. Le portrait de Terburg prenant la collation, avec son violon & sa pipe sur une table, peint par lui-même; sur bois.	12 1/2	10
508. Ticlius & son épouse, par lui-même; sur bois.	10 1/2	9 1/4
509. Une allégorie satyrique, par Gerard Lairesse.	11 1/2	14 1/2
510. L'intérieur d'une maison représentant l'attelier d'un peintre occupé à peindre une famille composée de six personnes se divertissant; par Leduc; sur bois.	16	20
511. Saint François de Paule au désert, entouré d'animaux & de différentes plantes, par W. Mieris; sur bois.	15	11 1/2
512. Le Prince d'Orange avec son épouse, dans la maison d'un paysan, à genoux devant lui, & plusieurs autres figures.	16	20
513. Une Vierge tenant l'enfant Jesus mailloté, par Schut; sur bois.	21	16 1/2
514. Un rafraîchissement à la porte d'un cabaret flamand, par Tilborgh.	21	21
515. Une Vierge tenant l'enfant Jesus debout, par Van Hoeck; sur bois.	21 1/2	15
516. Une tentation de Saint Antoine, par Breinkelinkamp; sur bois.	24 1/2	35 1/2
517. La mort appellant l'avare entouré de ses trésors, & dans le lointain une autre figure de la mort appellant un jeune militaire; par Franck; sur cuivre.	8	10
518. Un paysage pastorale, par Renier de Vries; sur bois.	12	11
519. Deux enfans cueillant des fleurs, par Breughel & Van Balen.	4 1/2	5 1/2
520. Un portrait d'homme, par Van Dyck.	6 1/4	5
521. Portrait d'une dame illustre, par Mireveldt; sur cuivre; de forme octogone.	2 1/4	1 1/2
522. Portrait de la Gouvernante Marguerite de Parme; sur cuivre; de forme ovale.	1 1/2	1 1/2

80   TABLEAUX.

Haut. pouc.	Larg. pouc.

523. Saint Dominique, par Poelenburg; sur cuivre. — 3 ½ | 2 ½
524. Une Vierge tenant l'enfant Jesus, par Van Balen, avec une guirlande de fleurs, par D. Seghers; sur bois. — 22 ½ | 18
525. Un paysage orné de différentes especes d'oiseaux, par J. Van Kessel; sur cuivre. — 8 | 11 ¼
526. Un ange prenant l'enfant Jesus de dessus le giron de sa mere, par Rottenhamer; sur bois; de forme ovale. — 7 ½ | 6 ¼
527. Le portrait d'un adolescent, par Leduc; sur cuivre; de forme ovale. — 4 ½ | 3 ½
528. Le portrait d'une femme; esquisse italienne. — 5 ½ | 3 ¾
529. Une tête d'homme, par le Sueur; sur cuivre; de forme ovale. — 2 | 1 ¼
530. Le portrait d'un homme, par Verelst; sur cuivre; de forme ovale. — 3 ¼ | 2 ¼
531. Un portrait d'homme, par Porbus. — 2 ½ | 2
532. Un portrait d'homme, par Verneer; sur cuivre. — 3 | 2 ¼
533. Portrait de femme. — 3 | 2 ¼
534. Un portrait d'homme, par l'Argilliere; sur cuivre; de forme ovale. — 2 ¼ | 1 ¼
535. Le pendant, portrait de la femme. — 3 | 2 ½
536. Un portrait de femme, par Gonzalez; sur cuivre; de forme ovale. — 1 ¾ | 1 ½
537. L'apparition du Sauveur à Saint Thomas; par Franck; sur bois; de forme octogone. — 3 ½ | 2 ¼
538. Un Ecce Homo à demi-corps; sur cuivre; de forme ovale. — 2 ¾ | 1 ¾
539. Un vieillard faisant le galand; sur ivoire; de forme ovale oblongue. — 2 | 2 ¾
540. Un portrait d'homme, par Mireveldt; sur argent en rond. — 1 | 1
541. Un portrait d'homme, par Visnie; sur bois; de forme ovale. — 1 ½ | 1
542. L'intérieur d'une tabagie flamande, par Abshoven; sur cuivre. — 3 | 3 ½
543. Un portrait d'homme, par Bakereel; sur cuivre. — 2 ½ | 1 ¼
544. Le martyre de Saint Lambert; esquisse en grisaille; par Fisen; sur bois. — 9 ¾ | 9 ½
545. Sainte Catherine, sur bois. — 12 ½ | 9
546. Sainte Catherine, sur bois. — 12 ½ | 9
547. Un Christ antique, enchassé en argent; de forme ovale. — 2 | 1 ¼
548. Un portrait de femme; sur ivoire; de forme ronde. — 2 | 2
549. Un œuf, peint en rouge en camaïeu, représentant le triomphe de Cérès; par Bertholet dit Flémael.

TABLEAUX.

Peinture sur carton.

		Haut. pouc.	Larg. pouc.
550.	Un paysage orné de figures, de forme ovale.	2	2¼
551.	Le pendant, dito.	2	2¼
552.	Un port de mer, de forme ronde.	1¾	1¾
553.	Le pendant, une danse de paysans.	1¾	1¾
554.	Des jeux d'enfans, de forme ronde.	1¾	1¾
555.	Le pendant, dito.	1¾	1¾
556.	Idem.	1¾	1¾
557.	Le pendant, idem.	1¾	1¾
558.	Des petits génies, de forme ronde.	1½	1½
559.	Dito.	1½	1½

Peinture à la gouache, sous glaces.

560.	Le portrait du Pape Ganganelli assis.	3½	2
561.	Le portrait du même, de forme ovale.	2½	1¾
562.	Le portrait de N. S. P. le Pape Pie VI, ovale.	1¾	1¼
563.	Sainte Catherine, ovale enchassé en argent.	2¼	2¾
564.	Une nymphe, de forme ovale.	2	2¼
565.	Le portrait d'un homme, dans une boëte de galucha	1¾	1¼
566.	Portrait de femme, aussi dans une boëte de galucha.	1¾	1½
567.	Un paysage environné d'eau.	4½	6
568.	Le pendant, dito.	4½	6

Dessins sous glaces.

569.	Une tête, par Van Dyck.	10	7
570.	La naissance du Sauveur, par Carlomaratte.	8	6
571.	Vue d'une cascade, par Rolaens.	10	11
572.	Vue prise aux environs de Liege, par Fayn.	15½	28½

Peinture sur verre.

573.	Le portrait de Rubens.	2	8¼
574.	Le portrait de Paoli.	12	8¼
575.	Le portrait de Lady George Lenox.	12	8¼
576.	Le portrait de J. Wilkes.	12	8¼
577.	Vénus & Adonis.	8	11¾
578.	Vénus & Cupidon.	8	11¼

Estampes sous glaces.

579.	Georges-Louis, Evêque-Prince de Liege.	13	9
580.	Estampe allégorique, touchant la suppression des maisons religieuses.	16½	11
581.	Le pendant.	16½	11

TABLEAUX

	Haut. pouc.	Larg. pouc.
582. Une corbeille de fruits, en tapisserie.	10	14
583. Une dito de fleurs.	10	14
584. Vue de Paris prise au Pont-Royal; médaillon rond en étain colorié.	3 1/2	3 1/4
585. Le pendant, vue de Versailles.	3 1/2	3 1/4
586. Une jardiniere surprise au rendez-vous.	3 1/4	3 1/4
587. L'accouchée, médaillon en écaille.	3 1/2	3 1/4
588. Un buffet, contenant dix tiroirs peints en paysages avec figures, par David Teniers, au milieu desquels se trouve une porte peinte de même, & sous laquelle il y a encore trois tiroirs. Sur l'intérieur de chaque volet de ce buffet est peint un vase de fleurs, par Breughel; sur le dessus il y a un couvercle peint en dedans, aussi en paysages & figures.		

PIECES D'HISTOIRE NATURELLE.

Coquillages.

1. Douze lepas, de diverses especes.
2. Deux taffetas, un cierge, une tête de becasse.
3. Quatre porcelaines.
4. Deux limaçons à bouche ronde, une cordeliere, une grimace, une tête de serpent.
5. Une harpe, un damier, deux taffetas.
6. Une chicorée, une harpe, une vis, un bonnet chinois.
7. Deux cornes de bélier, deux chicorées rôties, deux taffetas.
8. Un éperon suisse, deux têtes de becasse épineuses, un tuyau d'orgue, un polypier, deux limaçons.
9. Un escalier, deux harpes, une papyracée, deux draps d'or, un escabrion, & une tête de becasse épineuse.
10. *Mater perlarum*, pesant 2 liv. 11 onces.
11. Deux idem de moyenne grandeur.
12. Deux cames.
13. Deux grandes moules dépouillées.
14. Une solatre, une telline blanche, une faitiere, une petite telline à rayons solaires.
15. Six différens peignes.
16. Une telline, une crête de coq, un manche de couteau.
17. Deux *concha veneris*, une came striée, un petit cœur de bœuf, trois pousse-pieds, une térébratulle.

18. Quatorze compartimens de petites coquilles en graines, dans un coffret.
19. Une boëte avec quatorze compartimens de petites coquilles en graines.
20. Un carton contenant différentes petites coquilles.
21. Un carton, contenant différentes petites coquilles.
22. Un carton de différens coquillages assortis.
23. Un carton de divers coquillages.
24. Idem.
25. Idem, de coquilles moyennes.
26. Idem.
27. Idem.
28. Un damier, une chicorée, un bras d'or, deux porcelaines, un œuf, & trente-quatre autres différentes coquilles.
29. Deux buccins, une oreille de cochon, trois porcelaines, deux fuseaux, deux oreilles de mer, & vingt-quatre autres coquilles différentes.
30. Une chicorée, un fuseau, deux plain-champs, deux porcelaines, trois oreilles de mer, & vingt autres coquilles différentes.
31. Un scorpion, un œuf, une mître, un plain-champ, une tête de serpent, deux chicorées, & vingt autres coquilles différentes.
32. Deux buccins ailés, une tortue, deux autres porcelaines, une oreille de cochon, une veuve, deux oreilles de mer, & seize autres coquilles différentes.
33. Une veuve, un bonnet chinois, un casque, un lepas, une tonne, & seize autres coquilles différentes.
34. Deux porcelaines, une veuve, deux buccins ailés, un casque, une trompe marine, & douze autres coquilles différentes.
35. Un lepas, deux corallines, deux tonnes, un damier, un buccin, & dix autres coquilles.
36. Un fuseau, une tête de bécasse épineuse, un peigne, une harpe, un taffetas, une veuve, & quatorze autres coquilles.
37. Deux oursins de la Méditerranée, une veuve, une porcelaine, un œuf, un omelette, & huit autres coquilles différentes.
38. Une harpe, un rouleau, une porcelaine, une tonne striée, une chicorée, un buccin ailé, & huit autres coquilles différentes.
39. Une massue d'Hercule, une trompe marine, un couteau, un scorpion, une porcelaine, & cinq autres coquilles.
40. Deux manches de couteau, une porcelaine, un buccin, une chicorée, un scorpion, & trois autres coquilles.
41. Une huître épineuse, une porcelaine & trois tortues.
42. Un casque troué, deux différentes tonnes.
43. Un burgau.
44. Un nautile, gravé en figures & ornemens.
45. Une trompe marine de la grande taille.

46. Un nautile dépouillé & travaillé.
47. Une moule de grand volume, dépouillée & montée en argent, servant de poire à poudre.
48. Un nautile, gravé avec figures & ornemens.
49. Deux turbans & une tortue.
50. La griffe du diable, & deux autres coquilles.
51. Un nautile gravé en traits d'histoire, & une autre coquille dépouillée.
52. Une espece de grande coquille inconnue.

Curiosités naturelles.

53. Trois étoiles de mer, & une quatrieme différente.
54. Deux scies de spadon, & un poisson.
55. Un petit crocodile.
56. Un lithophyte.
57. Trois tableaux de plantes coralines, sous glaces.
58. Douze petites coralines coloriées.
59. Un cheval marin, une rose de Jéricho, & deux jeux de la nature.
60. Six plantes moussueses, attachées naturellement sur des patelles.
61. Bonnet formé de l'écorce d'un arbre de Chili.
62. Un champignon de mer.
63. Un coralloide étoilé.
64. Un autre coralloide.
65. Un dito, & un petit.
66. Un corail blanc, avec un morceau de corail rouge.
67. Un petit arbre de corail rouge, avec un autre de corail blanc, & quelques fragmens.
68. Un corail blanc, avec des fragmens de corail rouge.
69. Un petit arbre de corail rouge.
70. Un madrepore, avec des fragmens de corail rouge, un stalactite.
71. Un grouppe de cristal à aiguilles.
72. Un grouppe de cristal blanc, à grosses aiguilles, avec un morceau de faux amétyste.
73. Un grouppe de cristal à aiguilles, avec deux morceaux de faux amétyste.
74. Une geote de faux amétyste, formant une tabatiere montée en pinsbec.
75. Cinq morceaux de bois pétrifié.
76. Un morceau de bois pétrifié.
77. Quatre griphites, un madrepore, & quelques autres pétrifications.
78. Un pirite furugineux, trois échinites, une pierre d'aigle, &c.
79. Une pierre d'aigle, plusieurs glossopêtres & pétrifications.
80. Différentes marcassites & pyrites, dans un petit gobelet d'antimoine.

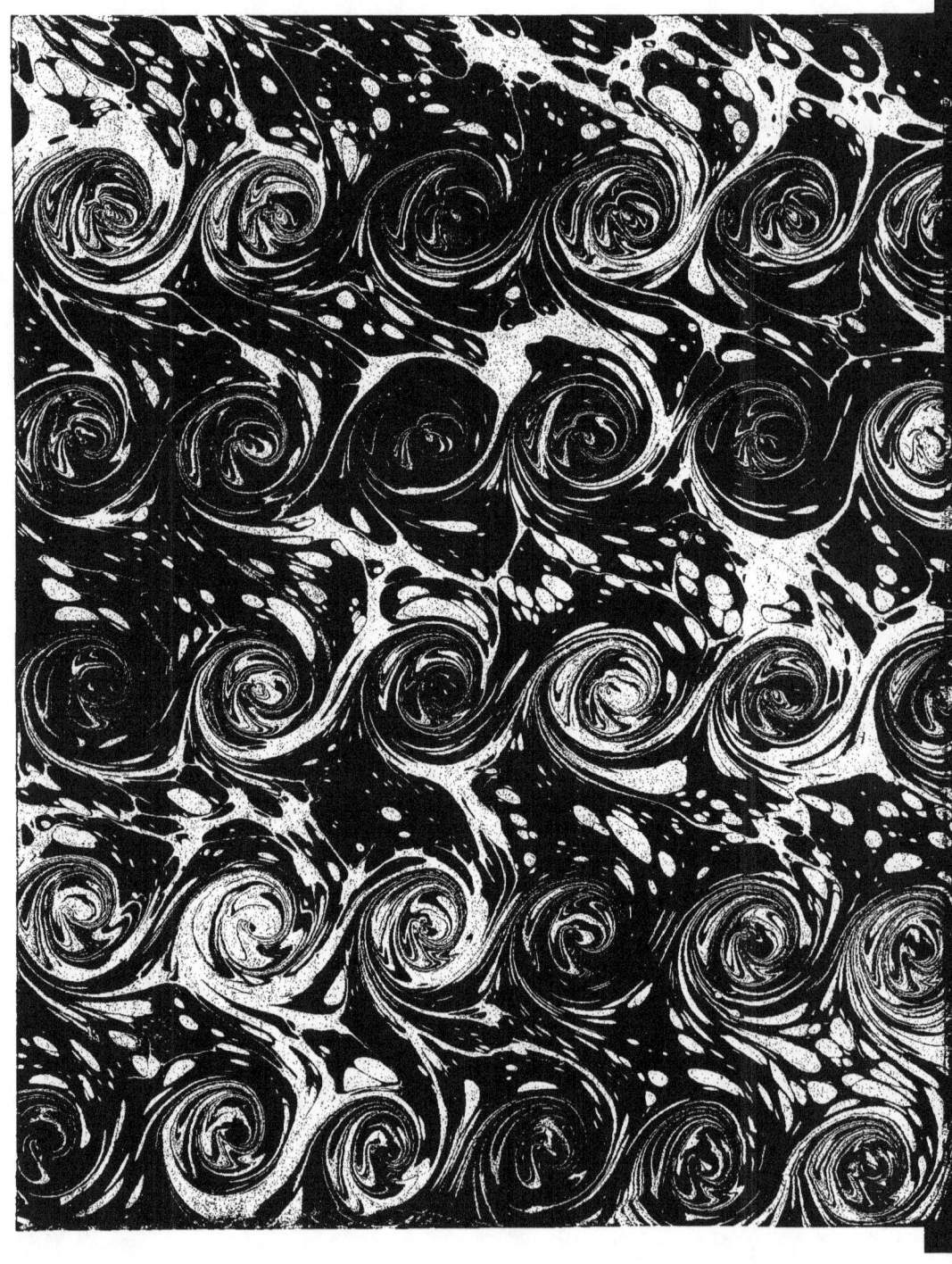

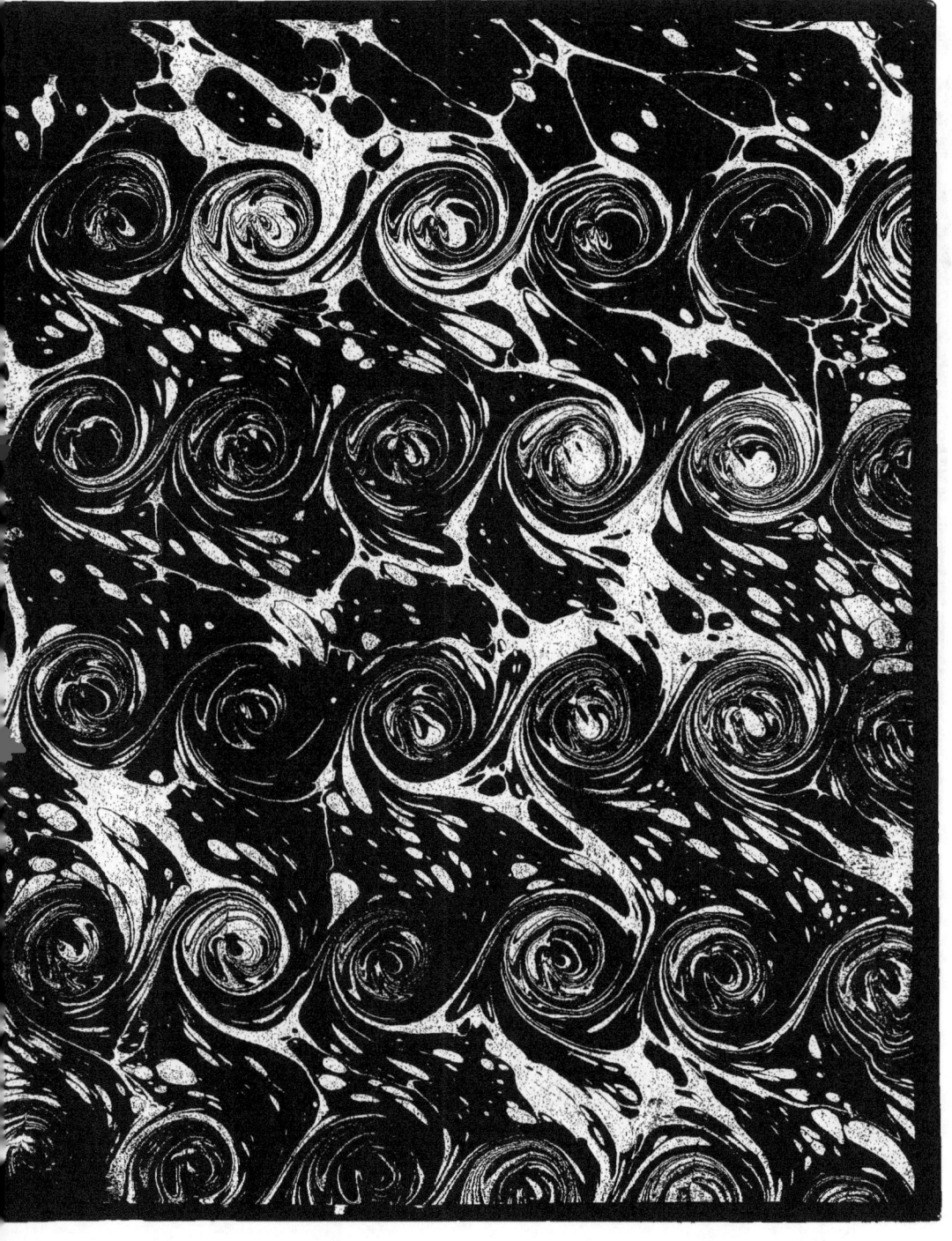

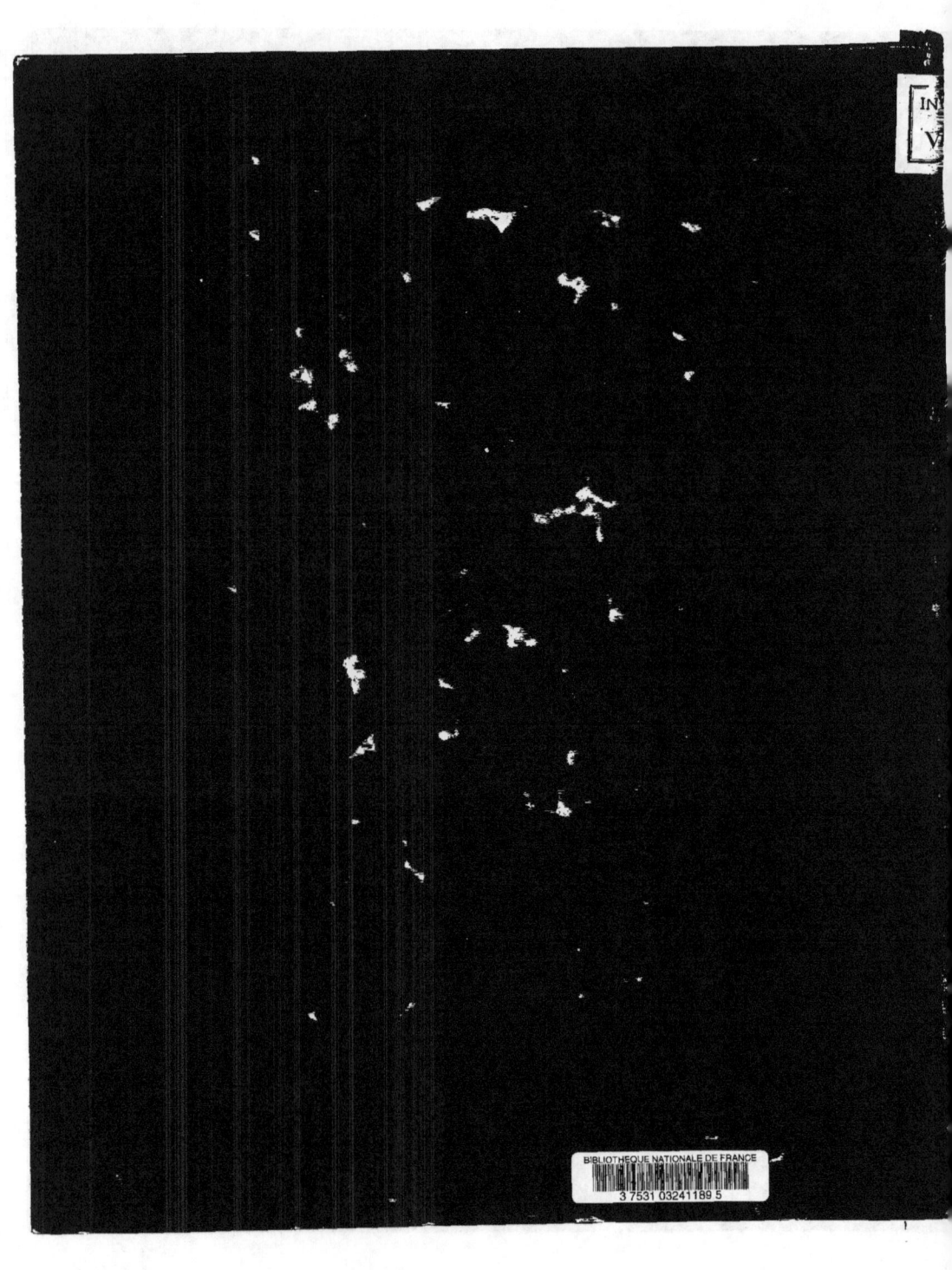